GESTÃO DO CONHECIMENTO, EDUCAÇÃO E SOCIEDADE DO CONHECIMENTO

Dados Internacionais de Catalogação na Publicação (CIP)
(Câmara Brasileira do Livro, SP, Brasil)

Tavares, Wolmer Ricardo
  Gestão do conhecimento, educação e sociedade do
conhecimento / Wolmer Ricardo Tavares. -- 1. ed. --
São Paulo : Ícone, 2010. -- (Coleção conhecimento e
vida / coordenação Diamantino Fernandes Trindade)

  Bibliografia.
  ISBN 978-85-274-1087-8

  1. Conhecimento 2. Educação 3. Gestão do
conhecimento 4. Organizações 5. Sociedade
do conhecimento I. Trindade, Diamantino Fernandes.
II. Título. III. Série.

10-01133   CDD-306.43

Índices para catálogo sistemático:

1. Gestão do conhecimento, educação e sociedade
   do conhecimento : Sociologia educacional
   306.43

Wolmer Ricardo Tavares

GESTÃO DO CONHECIMENTO, EDUCAÇÃO E SOCIEDADE DO CONHECIMENTO

Coleção Conhecimento e Vida

Coordenação
Diamantino Fernandes Trindade

1ª Edição
Brasil – 2010

© Copyright 2010
Wolmer Ricardo Tavares
Direitos cedidos à Ícone Editora Ltda.

Coleção Conhecimento e Vida

Coordenação
Diamantino Fernandes Trindade

Diagramação
Richard Veiga

Revisão
Josias Aparecido Andrade
Rosa Maria Cury Cardoso

Proibida a reprodução total ou parcial desta obra,
de qualquer forma ou meio eletrônico, mecânico,
inclusive através de processos xerográficos, sem
permissão expressa do editor (Lei nº 9.610/98).

Todos os direitos reservados pela
ÍCONE EDITORA LTDA.
Rua Anhanguera, 56 – Barra Funda
CEP 01135-000 – São Paulo – SP
Tel./Fax.: (11) 3392-7771
www.iconeeditora.com.br
e-mail: iconevendas@iconeeditora.com.br

DEDICATÓRIA

Dedico este livro ao meu filho Álvaro, ser do meu ser, à esposa, mãe, cúmplice, amiga e companheira Aline, a meu pai e amigo de todas as horas e a todos que acreditam em mim.

AGRADECIMENTOS

Sempre a Deus, Senhor de nossas vidas e à Aline, musa inspiradora.

SUMÁRIO

PREFÁCIO, 13

CAPÍTULO 1
DA INFORMAÇÃO AO CONHECIMENTO, 19
   1.1 Conceito de Informação , 19
   1.2 Conceito de Conhecimento, 22
   1.3 Informação e Conhecimento: Alavanca para as Transformações Sociais, 25
   1.4 Conhecimento Tácito e Conhecimento Explícito, 28

CAPÍTULO 2
ORGANIZAÇÃO E GESTÃO DO CONHECIMENTO, 33
   2.1 Conceito de Organização, 33

2.2 Organização: Necessidade à vida civilizada, 34

2.3 Organização Pró-Ativa, 37

2.4 *Benchmarking*, 43

2.5 Gestão do Conhecimento: Busca da Excelência Organizacional, 46

2.6 Gestor: O profissional da Gestão do Conhecimento, 52

2.7 Gestão do Conhecimento Auxiliando no Reexame de Competências, 58

CAPÍTULO 3
PLANEJAMENTO ESTRATÉGICO FOCADO NA SWOT, 63

3.1 Conceito de Planejamento Estratégico, 63

3.2 Planejamento Estratégico e Inteligência de Mercado, 67

3.3 Vantagem Competitiva, 72

3.4 Ambiente Externo: *Opportunities* (Oportunidades) e *Threats* (Ameaças), 77

3.5 Ambiente Interno: *Strengths* (Forças), *Weaknesses* (Fraquezas), 79

3.6 Teoria das Restrições: Transformando Oportunidade em Força, 80

CAPÍTULO 4
DA SOCIEDADE INDUSTRIAL A SOCIEDADE DO CONHECIMENTO, 85

4.1 Revolução Industrial, 85

4.2 Axioma de Taylor, 87

4.3 Treinamento, 91

4.4 Mais que uma Teoria da Evolução, 95
4.5 Sociedade do Conhecimento, 98

CAPÍTULO 5
EDUCAÇÃO: AGENTE DETERMINANTE CRÍTICO, 101
   5.1 Educação, 101
   5.2 Educação: Fases distintas, 103
   5.3 Educação e Sociedade do Conhecimento, 107
   5.4 A Escola x Organização: Uma parceria necessária, 110
   5.5 Educação: Reprodução da Sociedade, 111

REFERÊNCIAS BIBLIOGRÁFICAS, 115

PREFÁCIO

A percepção da realidade tem sido uma das problemáticas contemporâneas. Estamos envolvidos em um turbilhão de acontecimentos simultâneos que algum tempo atrás seria normal passar despercebido. Atualmente estes acontecimentos têm influenciado cada vez mais a sociedade e as organizações, refletindo direta ou indiretamente em sua maneira de ser, de pensar e, até mesmo, de agir.

Essa situação nos levou a refletir sobre a gestão do conhecimento e a educação na sociedade do conhecimento, visto que a caracterização dessa sociedade nos faz ter uma visão clara desses acontecimentos, daí emergindo múltiplas visões e realidades. Tais multiplicidades tiveram sua existência baseada em um conhecimento essencial para o indivíduo e para a organização. A modificação na forma de gestão das organizações fez com que ela passasse a primar por um aprendizado contínuo de seus funcionários.

As ramificações desse conhecimento ligado à ação deverão ser oriundas da educação, a qual ultrapassará os limites do conhecimento formal acadêmico, visto que este será o agente determinante e o principal responsável por impulsionar as transformações nas organizações. Todavia, a educação deverá ser vista como a chave mestra para o desenvolvimento do indivíduo e a evolução da organização, para que esta sobreviva a um mundo sem fronteiras.

Neste sentido torna-se de fundamental importância às organizações gerir o seu monitoramento ambiental de maneira que isto possibilite a criação de novas vantagens competitivas. Espera-se que o resultado da pesquisa seja uma fonte de consulta, um instrumento que possa ser a base para futuras pesquisas e aprofundamento da questão da gestão do conhecimento, e que sirva de apoio aos gestores de empresas para iniciarem essa gestão em seu ambiente organizacional. Essa gestão permitirá que a criação do conhecimento ocorra de forma mais suave, capitalizando os conhecimentos e as experiências, para construir a memória coletiva transmissível na empresa fazendo com que essa fique sempre inserida em um processo de aprendizado contínuo.

Em meio às mudanças relacionadas à sociedade ocidental, algumas vezes são ignorados elementos como: conhecimento, organização aprendente, monitoramento ambiental e educação. Temas de relevância para a sua sobrevivência em um mercado dinâmico e competitivo, como planejamento estratégico, liderança, treinamento e educação do funcionário são desconsiderados por algumas organizações. Como consequência, o problema a que nos propomos estudar diz respeito à forma como devemos trabalhar um conhecimento de modo a possibilitar a criação de novos conhecimentos ou até mesmo agregar valor aos já existentes criando um conhecimento eficiente e aplicável.

Este trabalho tem como objetivo oferecer uma revisão teórica acerca dos temas: conhecimento, gestão do conhecimento, organização aprendente, sociedade do conhecimento e educação como um agente determinante crítico. Tem como objetivo ser um instrumento para que gestores possam visualizar os passos iniciais do monitoramento ambiental visando à criação de vantagens competitivas organizacionais.

Dentro desse contexto serão trabalhadas informações como base para geração do conhecimento aplicado às tarefas. Esse conhecimento será a alavanca para as transformações da sociedade contemporânea.

Outro aspecto a ser trabalhado aqui, diz respeito à organização que tenha um propósito específico e que será necessária à vida civilizada. Nesse mesmo sentido, apresentaremos a definição de uma organização pró--ativa e os seus recursos, bem como a utilização da gestão do conhecimento como um processo de busca por uma excelência organizacional.

O planejamento estratégico será outro quesito estudado, e como se poderá perceber, ele é necessário para que possamos explorar melhor as vantagens competitivas das organizações, utilizando-se da SWOT (*Strengths* -Forças, *Weaknesses* – Fraquezas, *Opportunities* – Oportunidades e *Threats* – Ameaças) para o monitoramento ambiental das ameaças e oportunidades.

Por esse motivo, será premente analisar a sociedade industrial, a fim de que a compreensibilidade deste estudo não seja prejudicada. Esta sociedade trouxe consigo mudanças estruturais no modo de gerir uma organização, bem como na maneira de utilizar o trabalho para aumentar as suas riquezas.

Por fim, será focada a educação como um fator de relevância ao entendimento e aplicação eficiente da gestão do conhecimento, pois será ela a responsável por construir as bases de uma organização.

Com o advento da sociedade do conhecimento, prevalecerá o reconhecimento da capacidade humana de ser ilimitada em gerar conhecimentos, criando assim, diferenciais que irão gerar vantagens competitivas tanto para o indivíduo como para a organização.

Desta forma o gerenciamento eficaz do ambiente em que se encontra a organização torna-se urgente para estabelecer condições básicas para a criação do conhecimento. Deve-se considerar a importância do conhecimento voltado para uma ação, bem como da informação, que terá o seu o foco na solução de incertezas, visto que esta será a base para a construção de novos conhecimentos.

O conhecimento voltado para uma ação será estudado, visto que ele é um dos requisitos para o sucesso de organizações e pessoas. Isso faz dele o maior bem de que uma organização pode dispor. Daí, sua importância para o desenvolvimento de toda e qualquer organização. É por esse motivo que nossa pesquisa se torna atual e relevante, visto que abordará questões fundamentais para as organizações, para a sociedade e para os indivíduos.

O Capítulo 1, Da Informação ao Conhecimento, fará uma abordagem sobre a informação, o conhecimento e sua necessidade para as transformações da sociedade.

No Capítulo 2, Organização x Gestão do Conhecimento, enfocaremos a organização e a gestão do conhecimento. Discutiremos, ainda, a aplicação do conhecimento ao conhecimento em uma organização.

No Capítulo 3, Planejamento Estratégico Focado na SWOT, discutiremos o planejamento estratégico, as vantagens competitivas e o monitoramento ambiental utilizando a SWOT, ou seja, *Strengths* (Forças), *Weak-*

nesses (Fraquezas), *Opportunities* (Oportunidades) e *Threats* (Ameaças).

A partir do Capítulo 4, trataremos, especificamente, da passagem da sociedade industrial para a sociedade do conhecimento. Nesse capítulo abordaremos a revolução gerencial, mostrando a necessidade da educação na sociedade do conhecimento.

O último capítulo tratará diretamente da educação como um agente determinante para a sobrevivência de uma organização. Nesse capítulo será analisada a educação voltada para a sociedade do conhecimento.

CAPÍTULO 1

DA INFORMAÇÃO AO CONHECIMENTO

1.1 Conceito de Informação

Precisamos nos ater ao conceito de informação, visto que é a base para a construção de qualquer organização que tenha como objetivo manter-se ativa em um mercado dinâmico e competitivo, uma vez que todas almejam ficar em vantagem em relação ao mercado e seus concorrentes.

Entretanto, faz-se necessário, num primeiro momento, conceituar o que se entende por informação, pois a definição exata dos termos é a condição necessária para todo e qualquer trabalho que tem um caráter científico. Por isso o primeiro passo é conceituar informação[1] como sendo todo dado trabalhado, tratado e com sentido lógico e natural para quem o utiliza. A informação tem a função de exercer um impacto e influenciar sobre o julgamento e comportamento do indivíduo, tentando moldar o seu receptor, fazendo diferença em sua perspectiva de inovação, criação e/ ou mudanças tanto para uma organização quanto para o próprio indivíduo. Para que isso ocorra, ela deve ser atualizada, caso contrário, tende a ser uma informação nada condizente ao contexto em que poderia ser utilizada. Isso vem a ser corroborado por Davenport (1998), quando diz que informação é dado provido de relevância e propósito, requerendo análise e relação com o significado.

É difícil fazermos um gerenciamento eficiente, se não possuirmos uma informação relevante ao contexto no qual a organização ou o indivíduo se encontre inserido, como também não basta a sua simples existência. É o uso da informação adequada que permite tomadas de decisão corretas a respeito de determinada situação.

---

[1] Para mais detalhes sobre a definição da palavra informação, leia as seguintes obras: 1) REZENDE, Denis Alcides. **Engenharia de Software e Sistemas de Informação**. Rio de Janeiro: Brasport, 1999, pp. 25-26. 2) SHANON, Claude E. **A Mathematical Theory of Communication**. Bell System Technical Journal, vol. 27. Julho 1948, pp. 632-656. 3) DAVENPORT, T. H. e PRUSAK, L. **Conhecimento Empresarial**: como as organizações gerenciam o seu capital intelectual. Rio de Janeiro: Campus, 2003, pp. 4-5.

Trabalharemos o conceito de informação como um fator para solucionar incertezas encontradas na realidade em que está inserida a organização. Essa informação terá um significado claro para que se possa gerar conhecimento, o qual possa nos nortear quanto à tomada de decisão, visto que:

> [...] um administrador global deve possuir uma informação intelectual capaz de lhe dar uma compreensão abrangente desta realidade. A informação é vital na elaboração das estratégias, ela fornece aos agentes os condicionamentos para se desenhar uma cartografia de suas intenções (ORTIZ, 2003, p. 149).

Como se pode ver, de acordo com Ortiz, será por meio dessa informação de cunho intelectual que o indivíduo terá discernimento para compreender e atuar da melhor maneira sobre a realidade da organização criando assim, estratégias que o auxiliam em suas ações cotidianas.

Para a informação se tornar vital na elaboração de estratégias, é necessário que esteja embasada na perspectiva semântica, na qual converge para o significado. É nessa perspectiva que ela tem relevância para a construção do conhecimento, e não na perspectiva sintática que está relacionada a uma considerável quantidade de informação que nem sempre é pertinente ao contexto para se criar novos conhecimentos.

Uma vez definida a perspectiva em que a informação será trabalhada, será possível alavancar o conhecimento como bússola a nos orientar para um crescimento profissional, pessoal e também para o crescimento da organização. Não é a informação propriamente dita que é importante para o indivíduo, mas o seu uso que a torna útil para o indivíduo e a sociedade.

1.2 Conceito de Conhecimento

O conhecimento nas empresas está voltado para uma ação estratégica, sendo um dos requisitos para o sucesso de organizações e pessoas. Ele é a informação que tem intrinsecamente aspectos subjetivos, cuja interpretação, contexto, significado e a própria sabedoria do indivíduo e das organizações passam a formar um todo. Angeloni (2002, XVI) afirma que conhecimento é "[...] um agrupamento articulado de informações por meio da legitimação empírica, cognitiva e emocional". Essa informação deve ser agregada de cultura, costumes, crenças e compromissos, que auxiliam o seu detentor na capacidade de agir continuamente, criada por um processo de saber.

O conhecimento é uma informação compreendida e internalizada que nos auxilia em uma tomada de consciência prevalecendo uma atitude crítica prática em um ambiente sensível, perceptível aos indivíduos[2].

Para Bacon, o conhecimento deve estar centrado no poder de intervenção na natureza, explorando possibilidades de uso no qual resultaria em uma ação para um desenvolvimento do próprio ser ou da sociedade.

O conceito de conhecimento pode ser visto como uma capacidade humana; pode ser tácito e direcionado para a ação. Esse conhecimento se encontra em constante mutação, e seu conteúdo é revelado por meio de ações de competência individual.

O conhecimento deve ser aplicado ao fazer e não mais ao ser, como era tratado pelos filósofos antigos. O conhecimento aplicado ao fazer foi defendido por Francis Bacon (1561–1626)[3], o qual difundiu o conhecimento aplicável à ação, ou seja, os homens deveriam aprender coisas úteis e aplicáveis para o bem comum, o que acarretou em transformações sociais que marcaram a história do mundo ocidental. Para entender as transformações sociais, oriundas das

---

[2] Para mais informações, veja: OLIVEIRA NETTO, Alvim Antônio de. **Metodologia da Pesquisa Científica:** Guia Prático para Apresentação de Trabalhos Acadêmicos. Florianópolis: Visual Books, 2005.

[3] Francis Bacon foi chamado de "primeiro dos modernos e último dos antigos", "inventor do método experimental", "fundador da ciência moderna e do empirismo". Para mais informações vide: Coleção os pensadores. **Francis Bacon**. Nova Cultural. São Paulo, 1999, p. 5.

ideias *baconianas* é necessário compreender que foi pelo conhecimento aplicado ao fazer e não ao ser, que o conhecimento se transformou em um recurso e em uma utilidade trazendo mudanças para a sociedade e transformando a estrutura social.

O fracasso ou sucesso de qualquer organização está centrado na distinção entre informação e conhecimento, pois ambos os conceitos necessitam ser bem assimilados, visto que será a informação a essência para a efetivação do sucesso do trabalho ligado ao conhecimento. A informação é vital tanto para as organizações como para as pessoas. Ela gera conhecimento e, como prerrogativa, auxilia nas tomadas de decisão.

Segundo Davenport (1998), para a informação se transformar em conhecimento é necessária a interferência direta do indivíduo, o que ocorre por meio de quatro etapas: 1) comparação; 2) consequência; 3) conexões e; 4) conversação.

A primeira etapa tem como preocupação responder à questão: de que forma as informações referentes à certa situação podem ser comparadas a outras situações conhecidas? Num segundo momento, busca-se as consequências, interrogando as aplicações que vêm com tais informações para as decisões e tomadas de ação. Em seguida, a dúvida a ser sanada se relaciona ao novo conhecimento e ao conhecimento já assimilado, ou seja, qual a ligação entre ambos os conhecimentos?

E na última etapa cabe uma resposta em relação ao pensamento das pessoas em relação a tais informações.

Uma vez seguidas essas quatro etapas, a informação passa a ser conhecimento, o que por meio de um processo cíclico gera novos conhecimentos, isto é, a partir do momento em que os envolvidos nessas etapas conseguirem explicitar o conhecimento adquirido. Em suma, a informação é a matéria-prima para o conhecimento, ou seja, é o processo de estruturação e depurarão da informação. Ela se constitui num produto capaz de gerar conhecimento.

1.3 Informação e Conhecimento:
Alavanca para as Transformações Sociais

Entre os anos 700 e 1100, surgiram duas novas classes na Europa: a dos cavaleiros feudais e a dos artesãos urbanos. A primeira classe teve sua origem ligada à criação do estribo, surgido na Ásia Central por volta do ano 700. O estribo fez com que o cavaleiro se transformasse em uma máquina de lutar, uma vez que ele conseguiu lutar montado. Essa ferramenta lhe deu alguns privilégios políticos e econômicos, como o direito de ter cinquenta famílias de camponeses produzindo alimento para o seu sustento, um escudeiro, três cavalos e entre doze e quinze cavalariços.

Por meio da transformação da roda d'água e do moinho de vento, a classe dos artesãos urbanos criou novas tecnologias. Essa classe deixou de usar forças oriundas de esforços humanos e passou a usar as forças da natureza, como o vento e a água.

Essas transformações foram motivadas pelo novo significado do conhecimento, pois no Ocidente, até então, o conhecimento era aplicável ao indivíduo para a sua formação moral, intelectual e espiritual, além do seu desenvolvimento no âmbito da retórica.

A partir da Idade Moderna o conhecimento passa a ser visto como um valor de disputa, e assim faz-se necessário que seja observado sob o prisma de sua utilidade e sobre uma melhor gestão, onde se usa a informação para sua criação.

Nos tempos atuais, o conhecimento passou a ser aplicado ao fazer; transformando-se em um recurso e em uma utilidade. Esse mesmo conhecimento deve nos levar a uma reflexão crítica[4] e nos induzir a uma descoberta do novo, nos desviando do senso comum, para que assim possamos transformar a realidade.

O conhecimento é derivado da informação, seja por comparação, experimentação, por conexão com outros conhecimentos e até mesmo por meio de outras pessoas, pelo compartilhamento de ideias e experiências. Sua transmissão se dá por intermédio de meios

---

[4] Entende-se por reflexão crítica, toda reflexão oriunda de um conhecimento racional o qual pergunta sobre o problema e induz o indivíduo a pensar no porquê, no como, no quando e em qual é a aplicação desse mesmo conhecimento para o contexto em que o indivíduo se encontra inserido para a resolução de tal problema.

estruturados, como vídeos, livros, documentos, entre outros. Ele pode nos dar uma capacidade de agir e de influenciar outras pessoas para que ajam de acordo com o seu desejo

Por intermédio do processo de saber, os seres humanos dão sentido à realidade à sua volta, categorizando-a em teorias, métodos, sentimentos, valores e habilidades. Além do mais, o conhecimento é um agrupamento articulado de informações por meio da legitimação empírica, cognitiva e emocional que leva o homem a agir, mas somente quando se trata de um conhecimento útil, ou seja, aplicável a uma ação.

> *[...] o saber devia produzir seus frutos na prática, de que a ciência devia ser aplicável à indústria, de que os homens tivessem o dever sagrado de se organizarem para melhorar e para transformar as condições de vida (MASI, 1999, p. 12).*

Como pode ser observado, segundo Masi (1999), quanto mais próximo da ação, mais pertinente é o conhecimento que nos conduz a tomadas de decisão. Nesse contexto, podemos lembrar Ésquilo (525–456 a.C.), quando dizia, há mais de 25 séculos, que o mais importante não era conhecer muitas coisas, mas coisas úteis.

1.4 Conhecimento Tácito e Conhecimento Explícito

O fator humano e sua interação com o meio são fundamentais no enriquecimento e manifestação do conhecimento tácito e explícito.

A palavra tácito é oriunda do latim *tacitus,* que se refere ao conhecimento que não pode ser exteriorizado por palavras, é um conhecimento mais subjetivo, em que prevalece a experiência, o sentimento, o saber fazer. É um conhecimento enraizado nas experiências individuais, vivenciadas de maneira ímpar, pois nele estão contemplados *insights* e palpites.

A palavra explícito tem origem no latim *explicitus* e refere-se ao conhecimento transmissível por meio de uma linguagem e/ou escrita formal e clara; esse conhecimento é muito objetivo.

A conversão do conhecimento tácito em conhecimento explícito passa a ser uma das questões mais relevantes para a nossa pesquisa em gestão do conhecimento. Seu foco está em como os profissionais transformam informação em conhecimento e vice--versa, pois são termos dialéticos[5]. Considerando-se que

---

[5] Oriundo da palavra dialética – em nossos dias, utiliza-se bastante o termo "dialética" para se dar uma aparência de racionalidade aos modos de explicação e de demonstração confusos e aproximativos. Para Aristóteles, a dialética é a dedução feita a partir de premissas apenas prováveis. Em Hegel, a dialética é o movimento racional que nos permite superar uma contradição – JAPIASSÚ, Hilton. **Dicionário Básico de Filosofia.** 3ª ed., ver. e ampliada – Rio de Janeiro: Jorge Zahar Ed., 1996.

o conhecimento tácito também inclui dados que muitas vezes nem são percebidos pelos indivíduos, tem-se uma questão mais abrangente: como transformar experiência e/ou vivência em conhecimento?

Para que possamos entender de maneira mais clara a conversão do conhecimento tácito para o conhecimento explícito e vice-versa, basta analisarmos a figura 1: Espiral do conhecimento.

Figura 1: Espiral do conhecimento

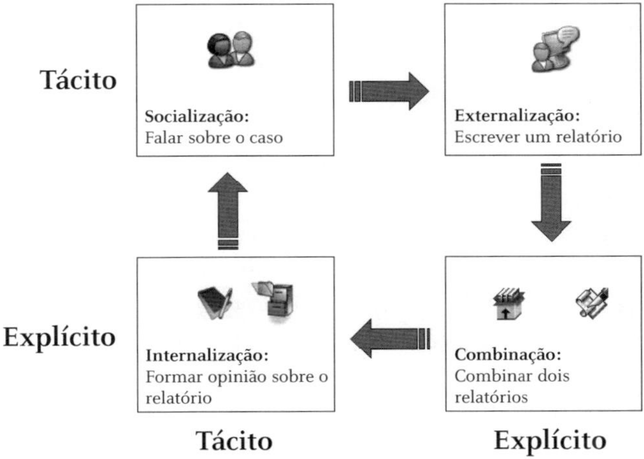

Fonte: Nonaka e Takeuchi (adaptado pelo autor)

Conforme mostra a **figura 1**, a primeira forma, denominada de *socialização*, é a transformação do conhecimento tácito em conhecimento explícito. O conhecimento tácito é a interação entre o conhecimento tácito dos indivíduos, ou seja, o compartilhamento de suas experiências, modelos mentais, emoções e sentimentos.

Essa troca pode ocorrer por meio da observação, imitação e prática. As bases de conhecimento necessárias para a liberação do conhecimento tácito são a cultura, a visão organizacional e um ambiente de diálogo e confiança.

O segredo para a aquisição do conhecimento tácito é a experiência. É uma interação pessoal (*face-2--face*). Esta socialização é uma conversão que surge da interação do conhecimento tácito entre os indivíduos.

A *externalização* refere-se ao processo de articulação do conhecimento tácito em explícito. Os meios necessários para a sua ocorrência são a utilização de linguagens figurativas e simbólicas, na forma de metáforas, analogias e modelos, possibilitando a expressão de *insights* e intuições pessoais. Por meio das metáforas, pessoas com diferentes experiências e histórias podem entender algo de maneira intuitiva. Como a metáfora traz em si uma ampla possibilidade de significados, ela induz conflito nos indivíduos na medida em que eles procurarão definir com maior clareza o significado do *insight* representado pela metáfora. Esse seria o início do processo de conversão do conhecimento tácito em explícito. A analogia seria o passo intermediário. Por meio dela os indivíduos buscam harmonizar as contradições expressas pela metáfora, identificando semelhanças e diferenças entre as ideias. A prática de rodadas sucessivas de diálogo e da reflexão coletiva contribui para a realização de todo o processo. Com o intuito de normalizar (externalizar) o conhecimento, pode ser objeto de distribuição em massa com o uso da tecnologia da informação.

A *combinação* é o processo de disseminação e sistematização dos conhecimentos explícitos existentes na organização em um sistema de conhecimento. Pode ser ativada por meio de reuniões, redes de comunicação computadorizadas, conversas por telefone e treinamento formal. Uma vez formalizado tal conhecimento, ele é comparado com outros conhecimentos explicitados.

Esse processo origina conhecimento novo por meio da reconfiguração, acréscimo, classificação e combinação do conhecimento já existente na organização.

Uma vez gerado o novo conhecimento explícito, ele será *internalizado* pelos membros da organização, que terão a sua base de conhecimento tácito ampliada. Esse conhecimento é incorporado por meio do processo de aprender-fazendo. Esse conhecimento tácito acumulado precisa ser socializado com os outros membros da organização, iniciando uma nova espiral de criação do conhecimento. A condição necessária para o seu acontecimento é o fato de existir ligação entre a ação e a prática. A *internalização* consiste na volta do conhecimento explícito para o tácito. Essa fase é conhecida como apropriação do conhecimento explícito por um indivíduo e seu devido enquadramento (contextualização, compreensão). É o ato de se entender um relatório emitido e formar uma opinião a respeito.

As pessoas convivem umas com as outras e o saber flui normalmente pelos atos de quem sabe e faz para quem não sabe e quer aprender.

CAPÍTULO 2

ORGANIZAÇÃO E GESTÃO
DO CONHECIMENTO

2.1 Conceito de Organização

Organizações são entidades que têm propósitos. Conforme Silva (2004, p. 45), as organizações são feitas de pessoas e isso faz delas sistemas complexos, pois nas organizações faz-se necessário que pessoas trabalhem juntas para alcançarem um objetivo comum. Essas mesmas organizações precisam encontrar pessoas que tenham certas habilidades e conhecimentos.

> *[...] toda sociedade é uma expressão organizacional do profundo desejo da humanidade em superar os limites impostos pelo tempo e*

pelo espaço. O objetivo é sempre o mesmo:
"organizamo-nos para nos perpetuarmos"
(RIFIKIN, 1996, p. 227).

Para o autor, a sociedade é uma organização realizada por indivíduos para que suas culturas se perpetuem. Se o indivíduo fosse totalmente incomunicável e isolado, a humanidade não seria o que é hoje. Não haveria organizações e tampouco limites a serem superados de maneira cooperativa para se alcançar um objetivo comum.

Toda organização deve ter limites de maneira a determinar quais atividades são executadas por ela internamente, e quais devem ser executadas por outras organizações externamente. Esse fato é muito conhecido como poder de decisão, e teve sua origem em um termo difundido na área da administração: *make or buy*, ou seja, decisão de fazer ou comprar. Tais decisões farão com que a organização persiga de maneira permanente os seus objetivos e metas.

2.2 Organização: Necessidade à vida civilizada

É observado que todas as pessoas fazem parte de uma ou várias organizações sociais. Stoner e Freeman (1999, p. 4) ao definirem organização como "[...] duas ou mais pessoas trabalhando juntas e de modo estruturado para alcançar um objetivo específico ou um conjunto de objetivos", realçam a importância dela para uma vida civilizada.

Para ambos, as organizações são essenciais para que uma sociedade alcance cada vez mais um estado de progresso cultural e social, refletindo valores e necessidades aceitáveis. Além disso, elas podem preservar o conhecimento, fazendo deste um elo entre gerações passadas, presentes e futuras, o que pode facilitar na descoberta de novos conhecimentos, acarretando, assim, novas conquistas. Essas organizações proporcionam a criação de estruturas que garantem o seu funcionamento, visto que as pessoas que nelas estão envolvidas, a veem como uma fonte de sobrevivência de satisfação, autorrealização pessoal e profissional, fazendo valer a hierarquia das necessidades de Maslow[6]. Essas necessidades estão dispostas em cinco níveis em uma hierarquia de importância e influência. Os níveis de necessidades são: necessidades fisiológicas, segurança e estabilidade, participação, estima e por último a autorrealização. Vide figura a seguir.

---

[6] A Hierarquia das Necessidades de Maslow ou Teoria do Conteúdo, afirma que as pessoas são motivadas a satisfazer cinco tipos de necessidades, que podem ser escalonadas numa hierarquia. Para mais informações, vide as obras: 1) STONER, James A. F. e FREEMAN R. Edward. **Administração**. 5ª ed. Rio de Janeiro: LTC, 1999, pp. 324-331. 2) MOTTA, Fernando C. Prestes e VASCONCELOS, Isabella F. Gouveia de. **Teoria Geral da Administração**. São Paulo: Pioneira Thomson Learning, 2002, pp. 74-78.

Figura 2: Pirâmide de Hierarquia de Maslow

Fonte: Maslow: Stoner e Freeman (1999, p. 324)

Pirâmide representando a hierarquia das necessidades de Maslow: Stoner e Freeman (1999, p. 324) com algumas adaptações.

A teoria de Maslow é uma das mais pertinentes teorias de motivação. Segundo Maslow, é obedecida pelos seres humanos uma escala de valores que poderão ser transpostas, ou seja, quando o indivíduo realiza uma necessidade, outra surgirá em seu lugar, exigindo sempre uma satisfação. O topo da pirâmide não será alcançado enquanto suas necessidades básicas não forem satisfeitas.

Para Maslow, a primeira necessidade são as necessidades fisiológicas e estão constituídas na sobrevivência e preservação da espécie como alimentação, sono e repouso, de abrigo, de desejo sexual, etc. A segunda necessidade é a de segurança e estabilidade, ou seja, a busca de proteção contra a ameaça ou privação, e a fuga ao perigo. A participação é a terceira das necessidades e está relacionada a aceitação por parte dos companheiros, de troca de amizade, de afeto e amor. A quarta necessidade é a estima e está relacionada com o modo de como a pessoa se vê e se avalia. Nessa necessidade se encontra a autoapreciação, a autoconfiança, a necessidade de aprovação social e de respeito, de *status*, prestígio e consideração. A quinta e última das necessidades é a autorrealização. Ela é a mais elevada das necessidades. São as necessidades de cada pessoa realizar o seu próprio potencial e de autodesenvolver-se continuamente, é tornar-se tudo que pode ser, é ser constantemente mais do que é.

2.3 Organização Pró-Ativa

Uma organização pró-ativa é toda organização que se utiliza do conhecimento voltado para a ação, inovando e criando produtos e serviços. Ela sugestiona a sociedade para que se tenha necessidade em utilizar o seu produto e serviço. Tais organizações são consideradas referências para as demais, pois essas últimas estão mais voltadas para a reação, isto é, respondem mais às tendências impostas pelas primeiras.

Em nossa atualidade, a organização pró-ativa prima pelo conhecimento coletivo no seu ambiente de trabalho e tem no funcionário seu maior ativo, daí conseguir um lugar privilegiado em um mercado em que impera a competitividade. Elas estão inseridas em ambientes complexos de competitividade e dinamicidade, afetando o seu ambiente interno e externo, bem como o comportamento de seus funcionários.

As organizações podem se tornar pró-ativas ao escolher uma atuação em ambientes cujas oportunidades e ameaças correspondem a seus pontos fortes e fracos.

Os principais recursos de uma organização são: a inteligência, a criatividade, o conhecimento e, principalmente, a informação de que dispõem seus funcionários. Tais fatores são essenciais para uma gestão com eficiência, uma vez que a produtividade, a dinamicidade e a competitividade são fatores equacionadores em um mercado em que o conceito de fronteiras está além dos limites territoriais. (A fronteira passa a ser o mundo no qual a língua, a cultura e os costumes são fatores não muito significativos para a ampliação dos negócios.)

Para se manter no mercado, toda organização necessita de um diferencial competitivo sustentável, por isso se faz necessária a aplicação dos recursos como inteligência, criatividade, conhecimento e informação. O sucesso de uma organização poderá ser alcançado por meio do conhecimento de seus funcionários, da forma como aplicam esse saber, como aprendem e com que velocidade esses funcionários aprendem novas coisas.

As alterações são visíveis, para isso basta analisar a evolução das organizações e as mudanças decorrentes do conhecimento, o impacto causado nelas mesmas, nos funcionários e na história da sociedade. Nos novos tempos a riqueza das organizações não mais se encontra nos ativos físicos e sim nos produtos do conhecimento.

Uma organização aprendente[7] está inserida em um processo sempre contínuo, pois cria sistematicamente novos conhecimentos, disseminando-os pelos setores da empresa envolvidos no processo de aprendizagem e rapidamente os incorpora a novas tecnologias, serviços e produtos, tema esse confirmado Terra (2001, p. 78). Em suma, a organização aprendente está inserida em uma promoção do autodesenvolvimento do funcionário dentro de uma organização em contínuo aprendizado.

---

[7] Entende-se por organização aprendente, uma organização em que se valoriza o conhecimento de seus funcionários. Diz-se, também, que organização aprendente é aquela organização que utiliza o conhecimento pertinente de seus funcionários para que se possa manter no mercado. Para mais informações sobre organização aprendente, vide as seguintes obras: 1) ROBBINS, Stephen Paul. **Administração: mudanças e perspectivas.** São Paulo: Saraiva, 2002. p. 477. 2) RUAS, Roberto Lima (org.). **Os novos horizontes da gestão: aprendizagem organizacional e competências.** Porto Alegre: Bookman, 2005, pp. 2-15.

Além de desenvolver internamente seu próprio conhecimento, é possível que a organização aprendente instrua-se com o ambiente à sua volta, fora das suas próprias fronteiras. Uma forma identificada na literatura de aprendizado por meio de outras empresas é via alianças estratégicas. Nestas alianças as organizações procuram adquirir conhecimento fora quando identificam uma deficiência de aptidão, ou seja, não há *know-how* técnico disponível ou ele não é adequado internamente.

Hoje trabalha-se com o conceito de organização aprendente como sendo a organização que busca sempre uma melhoria contínua, visando aumentar cada vez mais seus diferenciais competitivos e, também, as habilidades de seus funcionários, além da sua capacidade de se adaptar e de se organizar perante as mudanças, mantendo-se competitiva e até sobrevivendo a um mercado volátil. Isso é defendido por Wheatley (1999, p. 29), quando ele observa que já se começa a falar de estruturas mais fluidas e orgânicas e que "[...] começamos a reconhecer as organizações como sistemas, concebendo-as como 'organizações de aprendizagem', creditando-lhes algum tipo de capacidade de autorrenovação". Será justamente essa auto-renovação que a manterá sempre com uma ótima competitividade, investindo assim, cada vez mais na criação de um ambiente onde o funcionário é tratado mediante um clima de parceria, como se ele fosse um cliente preferencial, estimulando assim um sentimento em que prevaleça a coesão para uma parceria cada vez maior. Em suma, toda organização aprendente é uma organização pró-ativa.

A partir da década 70 do século XX percebeu-se que o conhecimento era aplicado ao próprio conhecimento, ou seja, estava incitando a uma revolução administrativa nas organizações, pois o conhecimento se transformava rapidamente em um fator de produção, visto que se transforma no capital da empresa, divergindo da noção industrial de mão-de-obra. Segundo Oliveira Netto e Tavares[8] (2006, p. 4-5), o funcionário em momento algum era parte importante para a empresa, visto que seu ambiente de trabalho era precário, com falta de higiene, iluminação, ventilação e ainda havia a exploração dos funcionários. Ainda podemos citar a falta de preocupação por parte da empresa para com a educação, o aprendizado e o aperfeiçoamento do empregado.

O gestor[9] é o responsável pela aplicação e pelo desempenho da gestão do conhecimento, e também pela descoberta de como o conhecimento aplicado

---

[8] Para mais informações, veja: 1) OLIVEIRA NETTO, Alvim Antônio de e TAVARES, Wolmer Ricardo. **Introdução à Engenharia de Produção.** Florianópolis: Visual Books, 2006, pp. 4-5.

[9] Gestor é o profissional responsável pela aplicação e pelo desempenho do conhecimento, visto que esse mesmo conhecimento se comporta como um recurso econômico produzindo riqueza e necessitando por sua vez, desse profissional.

pode gerar novos conhecimentos e produzir bons resultados. Ele é importante em todas as organizações. O conhecimento é visto como recurso essencial, mas para extrairmos alguma produção, faz-se necessário que saibamos gerenciar, ou seja, aplicar o conhecimento ao conhecimento, pois desta maneira conseguiremos obter mais e melhores recursos.

A maneira de se buscar o conhecimento é influenciada pela junção de dois fatores: a importância estratégica do conhecimento e a familiaridade da empresa com o mesmo. Uma forma de a empresa conseguir conhecimento externo é pelo aluguel de uma fonte temporária de conhecimento, por exemplo, mediante a contratação de consultores externos ou do financiamento de pesquisas universitárias em troca de prioridade no uso comercial dos resultados. Nesse caso é preciso uma postura ativa da empresa no sentido de utilizar as fontes temporárias, enquanto elas estão disponíveis na empresa.

A construção ou produção do conhecimento está implícita ao exercício da curiosidade, na capacidade crítica de observar o objeto, delimitá-lo, cindi-lo e de cercá-lo ou de fazer sua aproximação metódica, bem como na capacidade de comparar e de perguntar. Esse exercício convoca a imaginação, a intuição, a emoção, as capacidades de conjecturas de comparar na busca do entendimento do objeto ou do achado a sua razão de ser. O conhecimento aplicado ao conhecimento dá destaque à ação aumentando a produção e a qualidade do produto e do serviço oferecido de maneira a atingir a máxima eficiência.

O *Benchmarking*[10] será um outro processo que os gestores utilizarão para a busca da excelência em uma organização, visto que se trata de um método de comparação de processos de trabalho e é um recurso muito comum em grandes empresas.

2.4 *Benchmarking*

Benchmarking é um processo contínuo de comparação. Na maioria das vezes, não precisamos reinventar o que já foi criado. O *benchmarking* tem por base suprimir os processos que estão lesando a organização ou gastando excessivos recursos, com uma geração de valor questionável e extrair o máximo de benefício

---

[10] *Benchmarking* é um processo de investigação e um processo contínuo de comparação que nos fornece informações de grande pertinência tanto para o desenvolvimento organizacional quanto para a sua sobrevivência, visto que se trata de informações valiosas e muitas vezes vitais para as organizações. Para mais informações sobre *Benchmarking*, veja as seguintes obras: 1) ROBBINS, Stephen Paul. **Administração**: mudanças e perspectivas. São Paulo: Saraiva, 2002, pp. 96-98. 2) KOTLER, Philip e ARMSTRONG, Gary. **Princípios de Marketing**. 7ª ed. Rio de Janeiro: LTC, 1998, p. 412. 3) SPENDOLINI, Michael J. **Benchmarking**. São Paulo: Makron Books, 1993.

de cada centavo gasto com a melhoria dos processos. Basta observarmos o nosso meio e teremos então todas as coisas necessárias para que assim possamos realizar um serviço de excelência para nossa empresa. Claro que apenas estas observações não bastam. Temos que enxergar as coisas por um outro ângulo; além de usarmos as informações que nos cercam, temos que usar o bom senso para agregar valor às mesmas.

O *benchmarking*[11] surgiu em razão de uma grande necessidade de se ter mais informações, de forma a aprender rapidamente como corrigir um problema empresarial. É um processo de aprendizagem como os outros, pois tal técnica se dá ao relacionamento entre diferentes organizações.

A técnica de *benchmarking* tem como objetivo o estudo por meio da comparação de desempenho com a concorrência e com ótimos referenciais, tendo assim, a função de ocupar uma posição de liderança no mercado. Organizados em projetos, estes estudos devem identificar serviços e processos de alto nível de qualidade em outras empresas ou setores da própria empresa, avaliar como tais resultados são obtidos e incorporar o conhecimento agregando assim um maior valor a seus processos e serviços. É necessário considerar a técnica de *benchmarking* como um processo contínuo de medição e de implementação de melhorias.

---

[11] Para mais informações sobre *Benchmarking*, veja: 1) Robbins (2002); 2) Spendolini (1993); 3) Kotler e Armstrong (1998).

Normalmente não basta empregá-la uma única vez para alcançar a primeira posição, pois uma vez aplicado o *benchmarking*, as necessidades irão exigir a sua contínua aplicação para manter a liderança da empresa.

Seus profissionais devem estar atentos à política de informação, a qual não poderá ser uma monarquia informacional, na qual o único e poderoso executivo toma todas as decisões, e sim um federalismo informacional, no qual uma grande equipe de gerentes chega a um consenso sobre a política informacional.

Faz-se necessário também que não se deixe imperar um ambiente informacional feudal, no qual os executivos de cada divisão esforçam-se para acumular e ocultar informações.

As informações, pelo contrário, devem e têm que ter livre acesso de movimentação. Caso o ambiente informacional feudal aconteça, comprometerá todos os trabalhos realizados, pois *benchmarking* é sinônimo de parceria e reciprocidade.

O *benchmarking* fornece um senso de urgência para melhoria, indicando níveis de desempenho atingidos previamente num processo de parceiro do estudo.

Um senso de competitividade surge à medida que uma equipe reconhece oportunidades de melhorias além de suas observações diretas, e os membros da equipe tornam-se motivados a se empenhar por excelência, inovação e aplicação de pensamento inovador a fim de conseguir sua própria melhoria de processo.

O *benchmarking* é uma ferramenta indispensável para uma boa gestão do conhecimento, pois fornece informações úteis para melhorar qualquer atividade de negócios na organização.

2.5 Gestão do Conhecimento:
Busca da Excelência Organizacional

A gestão do conhecimento é um processo que busca a excelência organizacional. Esse processo é sistemático, intencional e articulado e tem como base a geração, a codificação, a disseminação e a apropriação do conhecimento.

A gestão do conhecimento não é criatividade e inovação, mas tem a ver com o usar de forma sistemá-tica, as inovações geradas na empresa para um melhor posicionamento de mercado. Ela não é qualidade, mas utiliza-se de técnicas e ferramentas que já foram utilizadas na modelagem de processos, nos círculos de qualidade e na abordagem de melhoria contínua. Também não se trata de *marketing*, mas auxilia a inteligência competitiva da organização. Não se deve confundi-la com documentação, pois está diretamente relacionada com a memória organizacional coletiva, dinâmica e compartilhada. Por fim, não é gestão de recursos humanos, mas só se realiza com os indivíduos da organização. A gestão do conhecimento não está limitada a informações processadas, pois sua busca está concentrada na combinação entre tecnologia da informação e a capacidade dos trabalhadores de criar e inovar.

Ela diz respeito a um conjunto de práticas que busca incrementar a produtividade dos ativos de conhecimento da organização, podendo então emergir de qualquer parte da sua estrutura onde estes recursos sejam utilizados. Assim, esse conjunto de práticas passa a ser um diferencial para a organização, pois ela precisa sobreviver a um ambiente onde imperam as mudanças.

A gestão do conhecimento é um esforço para manter o conhecimento eficaz dentro de uma organização. Para que isso ocorra, o gestor deve incentivar a comunicação e encorajar seus funcionários a essa comunicação, oferecendo oportunidades de aprender e promovendo o conhecimento apropriado em ação.

A gestão do conhecimento é uma das maneiras de se buscar a perfeição no atendimento, produção e serviços prestados por uma organização; é um fator essencial para o sucesso de uma organização que almeja estar inserida no mercado cuja competitividade exclui muitas organizações não preparadas.

Essa gestão é um tema que emerge nos dias atuais tendo como base o conhecimento (aplicado a uma ação) e as relações que as organizações mantêm com seus funcionários. Essas relações eram marcadas como uma relação ganha-perde (em que a organização ganhava mais que o funcionário) prevalecendo uma relação desigual. Por meio da gestão do conhecimento, trabalha-se hoje com uma relação ganha-ganha, ou seja, ambas as partes ganham. Para se alcançar isso, faz-se necessário que ocorra negociação, participação e sinergia tanto da organização como dos funcionários.

Por meio da gestão do conhecimento, os gestores perceberam que seus objetivos como lucro, produtividade, eficácia, maximização da aplicação de recursos físicos e financeiros e redução de custos convergiam para os objetivos almejados pelos funcionários como: melhores salários e benefícios, qualidade de vida, segurança no emprego, progresso pessoal e profissional e muitos outros.

A gestão do conhecimento é delineada por quatro pontos, sendo eles: criação do conhecimento, utilização do conhecimento, retenção do conhecimento e por último, a medição do conhecimento.

A criação do conhecimento, tem como objetivo a incitação de uma postura reflexiva sobre questões de pertinência para o crescimento profissional e pessoal, além do crescimento da própria organização. Ela tem o seu cerne na transformação do conhecimento tácito em explícito, transformando assim, os conhecimentos individuais em coletivos e organizacionais. Para que a organização alcance esse ponto, deve criar fóruns para discussão de temas relativos a questões em que busca a excelência. É um trabalho de grupo voltado à solução de problemas, estudos dirigidos e estudos relacionados a temas vivenciados pela organização, de maneira a nortear uma tomada de decisão com maior responsabilidade e maior comprometimento social.

Um segundo ponto a ser observado está relacionado à utilização do conhecimento. Nesse ponto o diferencial se encontra no aspecto da tecnologia. Não adianta fazer um investimento na criação do conhecimento, se não existirem na organização, uma cultura de pesquisa voltada para o aproveitamento desse conhecimento e uma cultura de participação, ou seja, de coletividade e cooperativismo.

A retenção do conhecimento é o terceiro item que marca a gestão do conhecimento. Ela se encontra destacada em duas vertentes: assimilação e preservação do conhecimento. Na primeira, a criação de modelos conceituais é particularmente válida como metodologia, isto porque os modelos possibilitam um melhor compartilhamento e armazenamento do conhecimento gerado para posteriores aplicações. Na segunda, a consideração mais pertinente da gestão moderna é que o conhecimento gerado constitui um patrimônio, podendo, portanto, transformar-se em recursos financeiros.

O último aspecto relevante à gestão do conhecimento se relaciona à medição do conhecimento, visto que o mercado avalia uma organização pelo seu conhecimento explícito e está sempre especulando sobre o conhecimento tácito. De qualquer forma, é no conhecimento tácito que está inserida a possibilidade de sucesso ou fracasso da organização em um mercado competitivo.

Ao aplicar a gestão do conhecimento, uma empresa cria certa flexibilidade, conseguindo se adequar a situações que exijam uma mudança do aprimoramento das metas. Tal flexibilidade se dá em razão da implantação de uma cultura colaborativa fazendo com que as informações sejam transmitidas entre todos os funcionários envolvidos no processo, fazendo com que a informação correta[12] chegue ao indivíduo certo[13].

A empresa que se utiliza da gestão do conhecimento está convergindo para a busca de uma excelência da qualidade e produtividade. É por meio da gestão do conhecimento que essa empresa trabalhará a parceria e o compromisso de seus funcionários. Esses funcionários são pró-ativos e preventivos, ou seja, passam a utilizar mais da criatividade e da autonomia para a execução de suas funções. Eles deixam de ser simples administradores burocráticos e passam a ser consultivos e estratégicos, fazendo o foco da organização direcionar para os resultados e os fins, em vez de ficarem apenas nas atividades e nos meios. A gestão do

---

[12] Entende-se por informação correta toda e qualquer informação relevante, capaz de auxiliar na solução de problemas ou até mesmo de agregar valores aos produtos, processos e/ou serviços fazendo chegar ao indivíduo certo.

[13] Entende-se por indivíduo certo, todo funcionário que sabe fazer bom uso de tal informação.

conhecimento prepara a organização para a integração entre os indivíduos que compõem seu corpo.

Por meio da gestão do conhecimento consegue-se capitalizar os conhecimentos e experiências para construir a memória coletiva e transmissível na empresa, fazendo com que essa empresa seja competitiva num contexto de concorrência mundial crescente, assegurando sua independência financeira e os meios necessários para a sua adaptação a um mercado dinâmico.

Para que se tenha sucesso na gestão do conhecimento, faz-se necessário conhecermos bem a organização, tanto no seu ambiente interno quanto no seu ambiente externo; e para que isso ocorra, precisa-se fazer com certa frequência um monitoramento ambiental[14] de ameaças e oportunidades que envolvem e influenciam de maneira positiva e negativa, direta e indiretamente a organização. A busca para se colocar numa posição de destaque (referência positiva) se dá quando a organização procura ter uma dinamicidade

---

[14] Vide Capítulo 3 – Planejamento Estratégico Focado na SWOT. Para mais informações sobre monitoramento ambiental, vide obras de: 1) SILVA, Reinaldo Oliveira da. **Teorias da Administração.** São Paulo, Pioneira Thomson Learning, 2004, pp. 43–84. 2) OLIVEIRA, Djalma de Pinho Rebouças de. **Planejamento Estratégico:** conceitos, metodologia e prática. 14ª ed. São Paulo: Atlas, 1999. 3) TAVARES, Mauro Calixta. **Planejamento estratégico**: a opção entre sucesso e fracasso empresarial. São Paulo: Harbra, 1991. 4) WRIGHT, Peter L. **Administração Estratégica:** conceitos. São Paulo, Atlas, 2000, pp. 47-99.

em seu ambiente. Dinamicidade que se adquire por meio de uma efetividade quanto ao monitoramento ambiental de ameaças e oportunidades agregado à gestão do conhecimento, fatores que servem de bússola para a busca da excelência. Uma gestão eficiente fará com que o monitoramento seja um fator diário na organização, de maneira que a empresa tenha sempre um diferencial diante das demais sendo um ótimo referencial para seus funcionários e clientes.

2.6 Gestor: O profissional da
Gestão do Conhecimento

Gestor é o responsável pela aplicação e pelo desempenho do conhecimento, pois o conhecimento se comporta como um recurso econômico, por isso produz riqueza.

Para trabalhar com a gestão do conhecimento apropriada, o gestor não poderá ser aquele ditador de outrora, conhecido como chefe. Ele deve ser um líder, que por meio de sua eficiência obterá o comprometimento de sua equipe, dando exemplo de excelência, sendo ético, potencializador e inspirador. Ele precisará criar ambientes de trabalho para compartilhar e transferir conhecimentos entre funcionários, alavancar o conhecimento de todos os participantes para elaborar estratégias corporativas inovadoras, já que influenciará pessoas para trabalharem entusiasticamente visando atingir os objetivos identificados como sendo para o bem comum, além de construir relacionamentos.

O gestor tem que encontrar maneiras de disseminar conhecimento acumulado viabilizando a sua transformação de conhecimento tácito para conhecimento explícito e vice-versa, o que se dará por meio de um processo cujo líder conduzirá suas ações de modo a influenciar positivamente tanto o comportamento quanto a mentalidade de seus liderados, fazendo com que prevaleça uma coletividade e cooperativismo entre sua equipe.

Esse profissional mostrará que conhecimento é novidade, inovação, criatividade. Fará com que os funcionários vejam o conhecimento como uma chave mestra da mudança e conscientizará seus funcionários de que a função do gestor não é conduzir sua equipe para mudanças, mas de criar um ambiente no qual ela se sinta segura, inspirada e animada, incentivando sempre a imaginação e a iniciativa que existem em todos os níveis.

Ele precisa ser o motivador, o incentivador, o animador, o instigador e facilitador do aprendizado do funcionário (tanto no aspecto cognitivo quanto nos aspectos afetivo-emocional e interpessoal) e não o detentor único e exclusivo da informação e conhecimento. Ser gestor é estar sempre se fazendo, num permanente constituir-se; o gestor precisa propiciar um relacionamento de todos para todos.

Os gestores agora precisam começar a pensar como agentes de mudanças, adquirindo novos conceitos e habilidades, fazendo com que suas palavras sejam confiáveis e que eles sejam entusiásticos, demonstrando conhecimento e habilidade para a condução de sua equipe. Se você não acredita no mensageiro, não acreditará na mensagem. O gestor do passado sabia como dizer, o gestor do futuro saberá como perguntar. O bom gestor perguntará, aprenderá, acompanhará e crescerá de forma consistente e efetiva. Ele criará e manterá perfis dos talentos e habilidades dos funcionários; usará plataformas de conhecimento para facilitar o aprendizado e o desenvolvimento.

Gestor – Caráter
- imbuído de humor e humildade, e por natureza inclinado a tratar com igualdade as pessoas;
- consciente e honesto consigo mesmo, assim como em relação às suas próprias potencialidades, fraquezas e esforços sinceros para melhorar;
- bastante curioso e acessível;
- compreensivo e capaz de respeitar seus alunos e aprender com eles;
- pró-ativo.

Gestor – Comportamento
- racionalizará a inércia;
- desafiará o *status quo*, recusando a aceitar a resposta "nunca fiz isso", e criará ou moldará a mudança em vez de aceitá-la de forma passiva.

Competências do Gestor

A virtude é a capacidade de conhecer profundamente a organização e compreender a combinação de habilidades e técnicas necessárias para criar, armazenar e usar o conhecimento.

Existem competências[15] críticas que devem ser analisadas em um gestor. Obviamente, essas competências não são encontradas na mesma pessoa; cabe ressaltar que, quanto mais dessas competências forem encontradas, melhor será o gestor em questão.

Como Líder[16]
- confiabilidade (integridade e honestidade);
- justiça (prevalece sempre a igualdade, reciprocidade e imparcialidade);
- tolerância em várias visões;

---

[15] Para mais informações sobre competências do gestor, vide artigo: Implantación de programas de gestión del conocimiento y las competencias del gestor, encontrado no site <http://spu.autoupdate.com/ler.php?modulo=2&texto=40> visitado dia 15/08/2004.

[16] Para mais informações sobre liderança, vide obra: Robbins (2002, pp. 369 a 420) e também Maximiniano (2004) e Wright (2000, pp. 301 a 316).

- flexibilidade e adaptabilidade;
- capacidade de iniciativa empresarial;
- entusiasmo em criar coisas;
- motivação;
- criador e incentivador de novas atividades;
- consciência dos riscos que assume;
- capacidade em superar obstáculos;
- estratégia capaz de compreender as implicações do uso da gestão do conhecimento para transformar a organização;
- visionário, criativo e inovador;
- capaz de compreender a visão geral, conhecimento do negócio, mas também de ultrapassar a prática;
- bom comunicador e gesticulador;
- escuta as propostas dos outros, as assimila e as aplica;
- gera ideias adaptadas às necessidades;
- tem habilidade para apresentar ideias e produtos;
- capacidade de organização;
- capacidade de tomar decisões precisas e oportunas;
- capacidade de interpretação do desejo de mudança e compreensão de outras iniciativas de mudanças.

Como Tecnólogo
- sabe que a tecnologia da informação é essencial para difundir e gerar novos conhecimentos;
- sabe fazer bom uso das ferramentas de tecnologia da informação;
- tem capacidade para implantar *intranets* e diretórios de conhecimento.

Como Gestor de Conhecimento Tácito e Explícito
- organiza eventos e processos que fomentam a criação e divulgação e a troca de conhecimento;
- cria ambientes que estimulam a comunicação estrutural ou casual;
- estabelece contatos verticais e horizontais e mantém relações complexas.

Como Criador de Ambientes
- articulação de comunidade de aprendizagem;
- promove programas de formação.

O gestor tem também a função de fazer com que sua equipe caminhe para a direção do sucesso contínuo, pois ele acredita que conhecimento e habilidade podem ser ensinados e utiliza essa crença como fator preponderante para a transformação do conhecimento tácito em conhecimento explícito e vice-versa.

Gestor x Liderança

Para trabalharmos com uma vantagem competitiva[17], temos que ter bons profissionais. Seus adjetivos o ajudarão a ser bem-sucedido, pois será:

- rápido e decisivo, mas não imprudente;
- capaz de confiar nos subordinados;
- orientado pelas relações humanas, contudo não é demasiadamente compassivo;
- corajoso para tomar decisões ousadas, e portanto, para assumir riscos;
- bom aprendiz.

Assim, com todas essas qualidades, consegue-se conturbar e muito o concorrente, da seguinte maneira:

- lançando um produto superior no mercado antes de qualquer outro concorrente;
- entrando em novos segmentos de mercado antes que quaisquer outros concorrentes façam.

2.7 Gestão do Conhecimento Auxiliando no Reexame de Competências

Em nossa contemporaneidade, as organizações têm enfrentado uma realidade cada vez mais complexa, na qual impera uma competição acirrada fazendo com que seus gestores reexaminem suas competências e também as competências organizacionais para que possam continuar ativos nesse mercado competitivo e dinâmico.

---

[17] Para saber mais detalhes sobre vantagem competitiva, leia o Capítulo 3 – Planejamento estratégico focado na SWOT.

Segundo Prahalad (1999), os gestores necessitam cada vez mais enfrentar e aprender com os novos desafios. Não basta apenas qualidade total, agilidade, *dowsizing* dentre outros termos que ainda são utilizados. Faz-se necessários que que aprendam com mais tenacidade e também esqueçam seletivamente. Ele foi o criador do conceito de "competência essencial" e isso é um diferencial para uma organização pró-ativa.

Para o autor, existem algumas estrelas que norteiam os horizontes dos gestores, que são chamadas de oito mudanças, e que devem ser analisadas de maneira mais holística possível. Essas mudanças são: globalização, desregulamentação e privatização, volatilidade, convergência, fronteiras tênues entre os setores de atividade, padrões, fim da intermediação e consciência ecológica.

A primeira mudança permite que os membros das equipes de diferentes culturas aprendam com um grupo único, por isso ela é chamada de globalização. É nela que estão inseridas também as agressivas concorrências.

A segunda mudança vem com a desregulamentação e privatização que concerne no aumento significativo da desverticalização o que acarretará em mudança da microeconomia, em um aumento expressivo do desemprego e também as empresas se tornarão regionais, nacionais e internacionais. Em relação ao aumento do desemprego, cabe aqui o termo de empregabilidade, ou seja, desenvolvimento profissional continuado.

A volatilidade está contextualizada na exclusividade das fábricas, isso fará com que elas encontrem maneiras de aumentar drasticamente seus negócios caso desejem continuar nesse mercado.

A convergência é a quarta mudança. Será nela o principal foco da gestão do conhecimento, pois trata-se das heranças intelectuais, pois elas terão que ser administradas e integradas com excelência.

A fronteira tênue entre os setores fará que não existirão concorrentes claramente identificáveis e as empresas selecionarão as novas oportunidades a partir de perspectivas próprias, o que será reforçado com um bom planejamento estratégico.

Os padrões serão necessários para acompanhar a evolução e haver uma portabilidade, ou seja, uma maior colaboração entre concorrentes para que se estabelecer padrões e também uma concorrência com uma interaliança para se obter maiores lucros.

A penúltima mudança se refere a fim da intermediação e nela está a redução da distância entre setores de produção e usuário final. Isso força as empresas repensarem cuidadosamente seu modelo empresarial.

A última mudança se refere a uma consciência ecológica que mostra uma mudança de perspectiva orientada para o cumprimento da lei para uma postura impulsionada pelas oportunidades de negócios que levem em consideração as questões ambientais. Esta mudança está alicerçada em:

Melhoria Contínua do desempenho ambiental e ecológico da empresa, garantindo uma produção quase sem falhas e com menor impacto ao meio ambiente.

Prevenção da Poluição, trabalhando o processo produtivo visando diminuir os desperdícios e os níveis de poluição gerados.

Esta última mudança é muito reforçada com como o Protocolo de Kyoto[18], ISO[19] 14000 entre outros.

---

[18] De acordo com o protocolo de Kyoto assinado em 1997, prevê a redução de 5,2% até 2012 nas emissões de gás carbônico (CO_2) dos países industrializados. O gás, produzido principalmente pela queima de combustíveis fósseis, retém a radiação solar na atmosfera, esquentando o planeta. Fonte: Cláudio Angelo da Folha de São Paulo. 16/06/2001

[19] As normas ISO 14000 – Gestão Ambiental, foram inicialmente elaboradas visando o "manejo ambiental", que significa "o que a organização faz para minimizar os efeitos nocivos ao ambiente causados pelas suas atividades" (ISO, 2000).

A norma ISO 14001 estabelece o sistema de gestão ambiental da organização e, assim:

1. avalia as consequências ambientais das atividades, produtos e serviços da organização;
2. atende a demanda da sociedade;
3. define políticas e objetivos baseados em indicadores ambientais definidos pela organização que podem retratar necessidades desde a redução de emissões de poluentes até a utilização racional dos recursos naturais;
4. implicam na redução de custos, na prestação de serviços e em prevenção;

Tais mudanças causarão impactos significativos para as organizações, obrigando-as a permanecerem atentas em relação a transações internacionais, permanecerem atentas às alianças temporárias, encarar a velocidade na tomada de decisões como uma questão importante e reavaliar o modelo empresarial.

A gestão do conhecimento é uma alavanca para o reexame de competências, pois através dela consegue-se um aprendizado coletivo (multinível e multifuncional), uma melhor capacidade de compartilhamento (além das fronteiras organizacionais e geográficas) além de Conquistar acesso ao conhecimento e absorver novos conhecimentos, Associar os Fluxos de Conhecimento, Compartilhar culturas e encurtar distâncias e também Levar as competências além das fronteiras das unidades de negócios.

---

5. é aplicada às atividades com potencial de efeito no meio ambiente;
6. é aplicável à organização como um todo.

Maiores informações no site: http://www.cnpma.embrapa.br/projetos/prod_int/iso_14000.html

CAPÍTULO 3

PLANEJAMENTO ESTRATÉGICO FOCADO NA SWOT

3.1 Conceito de Planejamento Estratégico

De um modo mais eficiente e efetivo, o planejamento estratégico visa a uma situação desejada, com a melhor e a menor concentração de esforços e de recursos para a de objetivos e como esses objetivos serão atingidos. Por meio do planejamento estratégico, a organização alcança uma flexibilização quanto às respostas aos concorrentes e uma maior rapidez em relação às mudanças de mercado. É ele que auxilia nas mudanças estratégicas fazendo com que as organizações superem os obstáculos. Deve-se evitar no planejamento estratégico uma previsão baseada em probabilidades.

O planejamento estratégico[20] nada mais é do que o processo de elaborar estratégia[21]. É uma ferramenta

---

[20] Para mais informações sobre planejamento estratégico, remeta-se às seguintes obras: 1) OLIVEIRA, Djalma de Pinho Rebouças de. **Planejamento Estratégico:** Conceitos, metodologia e prática. 14ª ed. São Paulo: Atlas, 1999. 2) TAVARES, Mauro Calixta. **Planejamento estratégico:** a opção entre sucesso e fracasso empresarial. São Paulo: Harbra, 1991. 3) FERRAZ, João Carlos; KUPFER, David e HAGUENAVER, Lia. **Made in Brazil:** desafios competitivos para a indústria. Rio de Janeiro: Campus, 1995. 4) FURLAN, José Davi. **Como elaborar e Implementar Planejamento Estratégico de Sistemas de Informação.** São Paulo: Makron, 1991. 5) MONTGOMERY, Cynthia A. **Estratégia:** a busca da vantagem competitiva. Rio de Janeiro: Campus, 1998. 6) HOU, Wee Chow; SHEANG, Lee Khai e HIDAJAT, Bambang Walujo. **Sun Tzu:** a arte da guerra e do gerenciamento. Rio de Janeiro: Record, 1999.

[21] A estratégia nada mais é que a arte dos generais e tem como objetivo a vitória. Ela envolve conotação de astúcia, de tentativa de enganar ou superar o concorrente com a aplicação de algum conhecimento inesperado, que provoca ilusão no outro ou que o faz agir não como deveria, mas segundo os interesses do estrategista. As estratégias modificam as capacitações para adequá-las às metas de desempenho. Portanto, as decisões estratégicas devem ser tomadas para tornar a empresa mais competitiva, construindo ou consolidando sua vantagem competitiva. Para Henderson (1998, p. 5) Estratégia é a busca deliberada de um plano de ação para desenvolver e ajustar a vantagem competitiva de uma empresa.

determinante para a construção das capacitações que, por sua vez, aumentam a competitividade e o desempenho da empresa. Também, pode ser definido como a capacidade de mapear o meio ambiente, desenvolvendo cenários e comparando-os com os recursos e condições existentes, estruturando uma visão de longo prazo dos rumos a serem seguidos em direção aos objetivos organizacionais.

A exemplo do princípio de Gause[22], o planejamento estratégico tem como objetivo obter sucesso no mercado, auxiliando a organização na criação de uma vantagem competitiva única em relação a seus concorrentes. Por meio do planejamento estratégico alcançaremos um diferencial competitivo, e não trabalharemos baseados na eficácia operacional, pois para Porter *apud* Ulrich (2000, p. 107), a eficácia operacional

---

Para qualquer empresa, a busca é um processo interativo que começa com o reconhecimento de quem somos e do que temos nesse momento. Para obter mais informações, confronte a obra: HENDERSON, Bruce D. As Origens da Estratégia in MONTGOMERY, Cyntia A.. **Estratégia:** a busca da vantagem competitiva. Rio de Janeiro: Campus, 1998.

[22] Princípio de Gause: os competidores que conseguem seu sustento de maneira idêntica não podem coexistir, tanto nos negócios quanto na natureza. Cada um precisa ser diferente o bastante para possuir uma vantagem única. A existência indefinida de uma variedade de competidores é uma demonstração em si mesma de que as vantagens de cada um sobre os demais são mutuamente exclusivas. Podem até se parecer, mas no fundo são espécies diferentes.

"[...] significa realizar atividades similares melhor do que os concorrentes" e por meio do planejamento estratégico, a organização percebe novos posicionamentos e se projeta em uma posição exclusiva e valiosa em relação a seus concorrentes.

Planejar é conhecer a empresa, explorando as positividades e eliminando ou adequando as fragilidades. É conhecer e saber tirar proveito das oportunidades externas, cujas ameaças uma vez conhecidas, devem ser evitadas. É tentar quebrar o paradigma em relação ao modelo da Racionalidade Limitada[23], visto que o

---

[23] O modelo da Racionalidade Limitada (*Bounded Rationality*), também conhecido como modelo de Carnegie [...], propõe que não é possível para um tomador de decisões ter acesso a todas as possibilidades de ação, medindo todas as opções, tendo em vista a impossibilidade física de ter acesso a todas as informações e processá-las e o alto custo envolvido nesse processo. Tendo em vista a escassez de recursos, os gerentes e administradores contentam-se em obter um número limitado de informações, um nível satisfatório, que lhes permita identificar os problemas e algumas soluções alternativas. Dessa forma, na prática, os gerentes e administradores não buscam todas as soluções possíveis para um problema específico, o que seria impossível, mas apenas soluções satisfatórias e aceitáveis. O ser humano é concebido nessa teoria de modo mais modesto e realista: não é considerado onisciente e racional do modelo econômico clássico. Ao contrário, pressupõe-se aqui, de forma pragmática, que o tomador de decisões não busca os modelos mais racionais, completos ou perfeitos, ao contrário, aceita soluções satisfatórias e razoáveis, muitas vezes fixando critérios minimamente aceitáveis de desempenho e, ao encontrar

simples planejar dá condições de ter o maior número de informações possíveis.

Dessa forma, planejar é saber aonde se quer chegar, ao traçar um plano de trabalho. É, ainda, investigar as oportunidades de ganho de vantagens competitivas por meio do uso de tecnologias. É, também, estabelecer e facilitar a consecução de objetivos e de fatores críticos de sucesso (FCS)[24] da organização. Além de criar um modelo funcional e de dados do negócio, é necessário saber subdividi-lo para melhor aproveitamento nas áreas de negócio, que devem ser escolhidas, quando necessitar.

3.2 Planejamento Estratégico e Inteligência de Mercado

Para planejar faz-se necessário inteligência de mercado, visto que um planejamento não pode ser realizado com base na intuição, pressentimento, adivi-

---

uma solução que corresponda a esses critérios mínimos, toma decisão e a implementa. Mesmo que vá além do minimamente aceitável, os gerentes nunca chegarão a definir a solução perfeita que corresponderia a uma racionalidade superior. Extraído de: MOTTA, Fernando C. Prestes e VASCONCELOS, Isabella F. Gouveia de. **Teoria Geral da Administração**. São Paulo: Pioneira Thomson Learning, 2002, pp. 105-106.

[24] Fatores críticos de sucesso são os pontos em que a organização deve se concentrar para obter eficiência no seu negócio e alcançar a meta desejada.

nhação calculada e outros meios subjetivos, mas deve ser baseado na racionalidade. Essa só pode ser obtida por indivíduos que têm conhecimento da situação do concorrente, portanto, há necessidade de coletar, estocar, analisar e utilizar informações ativamente para o desenvolvimento de estratégias mais eficazes. É preciso, também, agilidade na execução dos planos, pois a rapidez inclui o *timing* perfeito (para conseguir uma vantagem sobre os outros competidores, e, consequentemente, minimizar a oposição). O planejar traz intrinsecamente o elemento surpresa, principalmente quando o enlace é mantido. Se os planos são executados rapidamente, isso proporciona um diferencial em ralação aos concorrentes, visto que eles não têm muito tempo para reagir e suas estratégias de defesa podem ser ameaçadas. Por fim, a agilidade na execução minimiza as possibilidades de o conteúdo do plano vazar ou ser espionado.

No ato de planejar é preciso adaptar as manobras encorajando o fluxo de ideias inovadoras em todas as frentes, desde a concepção do produto/serviço à real implementação de estratégia de *marketing*.

A organização que planeja, consegue avaliar as perspectivas a curto, médio e longo prazo; agir sobre o mercado; desenvolver diferenciais competitivos; antecipar-se a situações desfavoráveis; criar participação, além de desenvolver serviços e produtos adequados ao mercado.

Em um planejamento estratégico é de bom alvitre seguirmos algumas orientações. Dentre essas, lembramos que muitos planejadores espelham-se em táticas de guerra, pois concordam em afirmar que o mercado é como um campo de guerra, pois não deixa espaço para organizações despreparadas. Por isso, necessitamos analisar a avaliação situacional, a formulação de metas e estratégias, a avaliação e implementação de estratégias e os controles estratégicos.

A avaliação situacional se refere ao ponto crucial da análise da situação e envolve a compreensão profunda do princípio do planejamento detalhado. No que diz respeito à escolha e ao desenvolvimento da estratégia, ambas têm de ser compatíveis com as metas formuladas e têm de ser apropriadas à situação em questão. Quanto à avaliação de estratégias, é nessa etapa que o gestor avalia a eficácia da estratégia a ser aplicada ou utilizada, uma vez que ela é avaliada como viável e eficaz. Sobre a implementação de estratégias podemos afirmar que entram em consideração os aspectos táticos e operacionais para uma prática eficaz em todos os aspectos organizacionais. Por último, temos os controles estratégicos: é o momento em que se instalam os mecanismos de *feedback* (retorno) como métodos para aquisição de informações. Este *feedback* age como *input* (entrada), para refinar as etapas anteriores ao processo de planejamento.

Podemos concluir que o planejamento estratégico é um processo que demanda tempo, paciência, coesão de objetivos e discernimento do que é bom ou ruim, para que uma organização se mantenha ativa e produtiva, gerando receita (lucro) para todos os envolvidos. A falta de planejamento em uma organização acarreta graves transtornos para ela, por isso faz-se necessário aprofundar essa discussão.

A pesquisa operacional é um instrumento estratégico voltado para a resolução de problemas reais. Ela é uma ciência voltada para resolução de problemas reais e auxilia na tomada de decisões utilizando-se de conceitos e métodos de outras áreas para a concepção, planejamento ou operação de sistemas para atingir seus objetivos (OLIVEIRA NETTO e TAVARES, 2006, p. 13).

Segundo os autores, essa ciência auxilia na solução de problemas de natureza multidisciplinar e de uma amplitude horizontal, contribuindo para várias atividades humanas como: engenharia, medicina, economia, gestão empresarial entre outras áreas. A pesquisa operacional se baseia em informações que possibilitam a percepção dos problemas em estudo, simulando e avaliando um resultado hipotético de estratégia ou tomadas de decisão alternativas.

Se as organizações pudessem conceber com certa antecedência os transtornos que teriam com reclamações, manutenções e retrabalhos, elas chegariam à conclusão da importância de uma dedicação maior ao ato de planejar.

O planejamento deve fazer parte da cultura organizacional, pois caso contrário, a organização acaba ficando à margem do mercado deixando-se levar pelas tendências mercadológicas e correndo grande risco de não sobreviver ou, então, se ver obrigada a seguir a concorrência com o perigo de ser surpreendida por alterações no mercado, precisando sempre se reprogramar, além de estar atrelada a iniciativas da concorrência e à mercê da conjuntura.

Todo planejamento estratégico tem um objetivo. A definição desse objetivo deve contemplar: a meta geral, o tipo de melhoria desejada, a meta numérica e o prazo no qual o objetivo deve ser atingido, o que vem a ser legitimado por Bertáglia (2003, p. 39) quando nos diz que o planejamento estratégico "[...] é um esforço para produzir decisões que orientarão as ações da organização. Deve ser simples e claro, e conter a missão, os princípios, as metas e os objetivos da empresa, e se basear nas premissas e variáveis internas e externas".

Ou seja, o planejamento estratégico nos mostra as respostas ou nos auxilia em uma tomada de decisão coerente com os objetivos da organização, objetivos esses que estão direcionados a variáveis externas e internas da organização. Portanto, o planejamento estratégico auxilia a organização a se conhecer mais e a perceber o diferencial que tem em relação a seus concorrentes, conseguindo assim uma vantagem competitiva.

3.3 Vantagem Competitiva

A vantagem competitiva é uma estratégia muito utilizada pelas organizações. Um exemplo de vantagem competitiva é o conhecimento, o qual pode ser considerado uma vantagem competitiva sustentável. Apesar do tempo permitir que a concorrência se iguale em produtos e serviços, qualidade ou preço, a vantagem do conhecimento é sustentável, porque gera retornos crescentes já que esse aumenta com o uso.

A vantagem competitiva[25] está intrinsecamente amarrada à competência da organização para inovar seu modo de agir em razão das pressões inexoráveis

---

[25] Para mais informações sobre vantagens competitivas, consulte as seguintes obras: 1) ROBBINS, Stephen Paul, *op. cit.*. 2) OLIVEIRA Jr., M.M. Competências essenciais e conhecimento na empresa. *In*: **Gestão Estratégica do Conhecimento**: integrando aprendizagem, conhecimento e competências. FLEURY, M. T. L. e OLIVEIRA Jr., M. M. (org.). São Paulo: Atlas, 2001. pp. 121-156. 3) WRIGHT, Peter L. **Administração Estratégica:** Conceitos, *op. cit.*. 4) TAVARES, Mauro Calixta. **Planejamento Estratégico:** a opção entre sucesso e fracasso empresarial. *op. cit.*. 5) RUAS, Roberto Lima (org.). **Os Novos Horizontes da Gestão:** aprendizagem organizacional e competências. Porto Alegre: Bookman, 2005. 6) OLIVEIRA NETTO, Alvim Antônio de e TAVARES, Wolmer Ricardo. **Introdução à Engenharia de Produção.** Florianópolis: Visual Books, 2006, p. 60.

do mercado. Ela é a capacidade ou circunstância que confere a uma organização um diferencial positivo de suma importância em relação às suas concorrentes. A vantagem competitiva é conseguida com um eficiente planejamento estratégico. Para obter esta vantagem, a organização deve compreender melhor a análise de seus recursos e suas habilidades corporativas (conhecer a si mesma). Além do mais, é necessário compreender as habilidades e recursos de seus concorrentes. Também, é preciso conhecer as forças e fraquezas deles (conhecer o inimigo), bem como aprender as características do mercado, das condições gerais do negócio, do mercado ou grupo de clientes-alvo. Por fim, é necessário saber escolher o mercado e o produto ou serviço com o qual vai competir bem como o estado da tecnologia exigida para derrotar os oponentes.

Não basta ter um bom planejamento estratégico, porque será em vão se o gestor da organização ou o responsável pelo planejamento, não tiver coragem para tomar certas atitudes relacionadas a ações específicas. Coragem significa ter a capacidade de tomar decisões audaciosas e assumir riscos quando necessário. O planejamento estratégico deve exibir o espírito empre-endedor assumindo riscos e ao mesmo tempo, sendo capaz de assumir as consequências.

---

7) HOU, Wee Chow e SHEANG, Lee Khai e HIDAJAT, Bambang Walujo. **Sun Tzu:** A Arte da Guerra e do Gerenciamento. *op. cit.*

É importante frisar que a marca do gestor estratégico de negócios inclui a capacidade não apenas de aceitar o crédito pelo sucesso e realização, mas também de assumir a responsabilidade pelo fracasso e pela derrota. Se este executivo não tiver coragem, o planejamento ficará apenas no papel e de nada servirá.

Os melhores projetos são aqueles em que as pessoas têm uma ideia clara dos clientes. É necessário que eles tenham flexibilidade diante das opções, das oportunidades, dos problemas que vão surgindo, sem invalidar seus objetivos originais com mudanças não contempladas no planejamento em si. Precisa ter um processo de decisão bem definido, para avaliar as mudanças e uma provisão para reavaliar os objetivos originais de seu projeto, inclusive.

Observamos que os gestores necessitam conhecer bem a organização, os concorrentes, o ambiente (mercado) à sua volta, os fornecedores e, principalmente, os clientes: só assim podemos pensar em Planejamento Estratégico. Uma das maneiras que auxiliam no conhecimento desses itens é a gestão do conhecimento.

Temos que ficar atentos à oportunidade de crescimento, a fim de melhorar o desempenho da organização. Diante de uma oportunidade, devemos analisá-la para tirar o melhor que ela pode oferecer, e para isso faz-se necessário focarmos sempre a SWOT ou seja: *Strengths* (Forças), *Weaknesses* (Fraquezas), *Opportunities* (Oportunidades) e *Threats* (Ameaças).

O planejamento deve estar focado na busca de processos em que o conhecimento possa ser usado como vantagem competitiva. Com esse planejamento, procuramos entender, cada vez mais, sobre: o que a organização sabe de relevante para a sua sobrevivência nesse mercado de acirrada competição; como se encontra o conhecimento na organização e como fazer com que ele agregue valor aos produtos, serviços e processos (além de observar quais desses conhecimentos são considerados vantagens competitivas); como os conhecimentos (tácito e explícito) devem ser gerenciados; o que é necessário sabermos para o nosso crescimento como profissionais, melhorando, assim, nossa capacidade de decisão e projetando a organização de maneira tal que ela consiga se manter no mercado ou até mesmo conquistar novos mercados e/ou clientes; como aprender o que ainda não sabemos e poderemos precisar para alavancar o negócio da organização; como tirar proveito com os erros e não cometê-los novamente; como agir rapidamente para solucionar os problemas; como disseminar as melhores práticas realizadas por um profissional na execução de um produto, serviço e processo tornando a organização ainda mais competitiva.

Esses são os aspectos do monitoramento ambiental[26], e para colocá-los em prática utilizamos a técnica SWOT. Ao focarmos a SWOT, conseguiremos nortear a organização para a busca do sucesso contínuo, em que prima a qualidade nos produtos e nos serviços, além de visar ao bem comum de seus funcionários. Os pontos fortes e fracos são variáveis internas, e as oportunidades e ameaças são variáveis externas.

As forças dessas variáveis devem ser analisadas de acordo com alguns itens como complexidade, velocidade, duração e incerteza. A complexidade está relacionada ao bom andamento do processo organizacional, o que poderá ou não afetar de maneira positiva ou negativa, toda a organização, comprometendo assim todos os seus processos. A velocidade se refere à intensidade com que a organização pode ser atingida, causando alterações em seus indicadores. A velocidade de mudança na tecnologia da informação atinge muito mais uma empresa que atua com *e-business*, ou *e-commerce*, do que uma que atua com agronegócios. A duração está relacionada com o fator tempo, ou seja, o tempo de interferência, que nada mais é do que período levado para afetar o processo. Essa duração pode ser caracterizada como tendência (durações prolongadas)

---

[26] Para mais informações sobre monitoramento ambiental, vide obras: 1) Silva (2004); 2) Oliveira (1999); 3) Tavares (1991); 4) Wright (2000).

ou modismo (durações curtas), e por fim temos a incerteza, que é a previsibilidade das possíveis ocorrências.

A SWOT nos orienta tanto para uma visão externa à organização, como para uma visão interna. Na visão externa observamos as oportunidades e as ameaças e na interna, as forças e as fraquezas.

As organizações devem estar preparadas em relação a seu ambiente externo, tanto para as oportunidades, aumentando ainda mais seus lucros e solidificando sua marca, como para as ameaças, preparando-se para situações de contingência, visto que tais ameaças são fatores que não dependem da organização.

3.4 Ambiente Externo: *Opportunities* (Oportunidades) e *Threats* (Ameaças)

É sabido que temos pouco controle sobre o ambiente externo, o que não implica não querer conhecer tal meio, pois o conhecimento a seu respeito pode nos ajudar a monitorá-lo melhor e aproveitar mais e melhor as oportunidades de maneira eficiente evitando as ameaças enquanto for possível.

Seus elementos são: política internacional, política interna, política econômica, comércio externo e comércio interno. Suas variáveis podem ser coligidas do modo a seguir: culturais, sociais, tecnológicas, econômicas, fornecedores, concorrentes, compradores, órgãos governamentais, sindicatos, imprensa, público em geral, elos institucionais e muitas outras. Esses elementos não são fixos e dependem da natureza da organização e de onde a mesma se encontra inserida.

Cabe ressaltar que tais variáveis não estão sob o controle da organização, mas a organização deve monitorá-las sempre, de maneira que possa ter um plano para que evite ser surpreendida, podendo assim, ser excluída do mercado.

Apesar de a organização não ter controle sobre essas variáveis, causando impactos sobre seu ambiente externo, tais variáveis podem ser influenciadas de várias maneiras, tais como: atividades lobistas, para influenciar em uma legislação federal; ações de responsabilidade social e ecológica, afetando o ambiente ecológico por meio do ISO 14000 (*International Organization for Standardization*), cujo trabalho está relacionado com a gestão ambiental e mostra a preocupação da organização em minimizar os efeitos nocivos ao ambiente causados pelas suas atividades; por meio do *marketing*, influenciando o comportamento de seus clientes e consumidores; por meio de melhorias em seus produtos, processos e serviços, mediante uma política de melhor preço influenciando seus concorrentes.

As ameaças e oportunidades nem sempre são variáveis equacionadas por não terem alto grau de previsibilidade, o que passa a ser um fator de grande risco para qualquer organização. Já no ambiente interno estão as variáveis sobre as quais as organizações precisam ter total controle, visto que nessas variáveis estão suas forças e fraquezas, item que será discutido a seguir.

3.5 Ambiente Interno: *Strengths* (Forças), *Weaknesses* (Fraquezas)

O ambiente interno é o ambiente no qual a organização, diante de um planejamento, consegue ter uma atuação mais ativa, direta, pois nele estão variáveis totalmente controláveis.

A organização que não envida esforços para erradicar ou minimizar as suas fraquezas pode ter graves problemas em garantir sua posição no mercado. Suas forças, que são justamente as variáveis que a organização tem como fatores positivos para o seu desenvolvimento, o seu crescimento e a sua sobrevivência no mercado, serão enfraquecidas fazendo com que esses diferenciais perante as outras, ou perante si mesma, não sejam mais um fator para o seu sucesso e que poderá fazê-la fracassar diante de um mercado competitivo. Ressaltamos aqui, que a gestão do conhecimento deve estar inserida como uma grande força para a organização.

A SWOT deve ser intrínseca à estratégia organizacional, tendo que fazer parte da cultura da organização, a fim de que essa possa estar inserida no mercado. Ela deve ser a essência de qualquer esforço de planejamento estratégico.

3.6 Teoria das Restrições: Transformando Oportunidade em Força

A história empresarial mostra que algumas empresas, apesar de trabalharem com produtos de ótima qualidade, com tecnologia de ponta, pessoal capacitado e com boa fatia do mercado, deixaram de existir porque não tinham suas metas bem definidas e é nessa parte que a gestão do conhecimento auxiliará para uma melhora contínua.

Para GOLDRATT (1994) toda empresa, tem como meta global o aumento de capital de giro e/ou dividendos além da satisfação dos clientes e dos funcionários. Uma vez alcançada essa meta, outras funções sociais de menor grau podem ser satisfeitas, assim a meta envolve aumentos de: geração de dinheiro agora e no futuro; satisfação dos clientes agora e no futuro e por último o aumento da satisfação dos empregados agora e no futuro.

Na maioria das vezes a empresa é constituída de várias unidades de negócio, o que acarreta em várias metas direcionadas por áreas de negócios. Essas metas, características do negócio de sua área, não poderão estar em discordância com a meta global da empresa, pois elas serão o alicerce para que a meta global seja atingida.

A definição de uma meta norteia os esforços aplicados na gestão de uma empresa, de maneira a aumentar a geração e circulação de dinheiro, além da satisfação de seus clientes e funcionários. Os indicadores permitem saber se os esforços estão sendo convergentes para o cumprimento da meta.

Outro aspecto de grande relevância está na previsão de conflitos com metas locais (direcionadas por áreas de negócios) ou entre os próprios índices. Para se resolver tais conflitos, faz-se necessário o uso da lógica e do bom senso por parte dos envolvidos, o que não ocorre na maioria das vezes por falta de autonomia e responsabilidade.

Para CORBETT NETO (1997) a TOC não é apenas uma metodologia de sincronização de produção, ela é muito mais que apenas esse conceito, a TOC é um modelo sistêmico de gestão. GOLDRATT (1994) diz que é uma estratégia global para a organização. Cabe ressaltar que foi na década de 70 que Goldratt, físico Israelense se envolveu com problemas de logística de produção.

É através da Teoria das Restrições – TOC, que o conceito sistêmico passa a ter outro foco, ou seja, deixa de ser aplicado o taylorismo onde as melhorias locais resultariam na melhoria global (o todo é a soma das partes) e passa a ser a ideia do elo da corrente. Isso implica em dizer que se trabalhar o elo mais fraco da corrente (gargalo ou restrições) resultará na melhoria do todo, atacando assim o ponto mais fraco[27] (calcanhar-de-aquiles[28]).

Os processos de raciocínio da TOC são usados em muitas áreas do conhecimento humano, não ficando apenas no limite da administração.

TOC é baseada no princípio de que existe uma causa comum para muitos efeitos, que os fenômenos que vemos são consequências de causas mais profundas. Esse princípio leva a uma visão sistêmica da empresa. Assim, a TOC pode ser definida como uma estratégia global para a organização (CORBETT NETO, 1997, p. 39)

É lícito afirmar que o processo de pensamento da TOC consiste em um método de identificação, análise e solução de problemas. O que se está buscando é, na realidade, uma maneira consistente de identificar problemas, propor soluções e determinar quais são as ações necessárias para que tais soluções sejam implantadas.

Os processos de raciocínio são a base da TOC, pois são ferramentas lógicas criadas para ajudar a resolver

---

[27] Maiores informações sobre a teoria do gargalo ou restrições, leia GOLDRATT, Eliyahu M., **A Meta**. São Paulo: Educator, 1986.

[28] Aquiles era filho de Tétis (a ninfa marinha, e não a deusa do oceano) e de Peleu, rei dos mirmidões da Tessália. Ao nascer, a mãe o mergulhou no Estige, o rio infernal, para torná-lo invulnerável. Mas a água não lhe chegou ao calcanhar, pelo qual ela o segurava, e que assim se tornou seu ponto fraco – o proverbial "calcanhar de Aquiles".

problemas e estão baseados nas relações de causa-efeito da física.

Os processos de raciocínio podem ser usados em separado ou em conjunto, dependendo do que se quer atingir. Para problemas mais amplos, de acordo com (Goldratt, 1994), devem ser usados em conjunto, visando responder a três questões:

- o que mudar;
- para que mudar;
- como causar a mudança.

Capítulo 4

DA SOCIEDADE INDUSTRIAL A SOCIEDADE DO CONHECIMENTO

4.1 Revolução Industrial

A Revolução Industrial teve sua origem no conhecimento aplicado ao uso de ferramentas, aos processos e aos produtos. Depois esse conhecimento passou a ser aplicado ao trabalho, o que resultou na revolução da produtividade, fator importante para o crescimento do capitalismo.

A transformação da sociedade e da civilização do mundo inteiro, causada pela tecnologia foi a responsável pela revolução industrial que teve origem na Inglaterra no início do século XVIII. A Inglaterra era detentora de grandes reservas de carvão mineral em seu subsolo, principal fonte de energia para movimentar as máquinas e as locomotivas a vapor. Além da fonte de energia, os ingleses tinham reservas de minério de ferro, principal matéria-prima utilizada naquele período.

Havia, ainda, uma massa de trabalhadores procurando emprego nas cidades inglesas do século XVIII, em razão dos enclausuramentos, e isso também favoreceu a Inglaterra no período de industrialização. Acrescente-se a isso o fato de a burguesia inglesa ser detentora de capital suficiente para financiar a construção de novas fábricas e comprar matéria-prima e maquinários.

Tais transformações fizeram do capitalismo um sistema econômico dominante, visto que as novas tecnologias exigiram muita concentração de produção e maior consumo de energia. Em vez de se ter pequenas oficinas espalhadas, passou-se a ter um aglomerado de etapas de produção, denominado de fábricas, aumentando a concentração da produção sob um único teto.

Entretanto, é somente a partir do século XIX que o capitalismo mostra toda a sua capacidade de produção. Muitos fatores contribuíram para isso, tais como a invenção da máquina a vapor, bem como o surgimento de novas ideias, por exemplo, as de Taylor

(1856–1915)[29], segundo as quais os empregados começaram a ser trabalhadores produtivos e, por consequência, passaram a receber salários condizentes com suas tarefas. Sua motivação não se concentrava na eficiência e tampouco na geração de lucros para os proprietários. Ele afirmava que o maior beneficiário dos frutos da produtividade deveria ser o trabalhador e não o patrão. Sua motivação era a de uma sociedade em que trabalhadores e proprietários, capitalistas e proletários pudessem ter um relacionamento harmonioso, utilizando o conhecimento no trabalho por meio de um interesse em comum.

4.2 Axioma de Taylor

O axioma de Taylor, cujo trabalho manual qualificado ou não, podia ser analisado e organizado pela aplicação do conhecimento, foi ignorado por seus contemporâneos. Ele só veio à tona com a Segunda

---

[29] Frederick Winslow Taylor foi o criador e participante mais destacado do movimento da administração científica. Por meio de suas observações e experiências, ele começou a desenvolver seu sistema de administração de tarefas, o que mais tarde passou a ser conhecido como Sistema Taylor, Taylorismo e, finalmente, administração científica, a qual levava o trabalhador a um pensar operacional que ocorria de maneira fragmentada. Para mais informações, vide obra de MAXIMIANO, Antonio César Amauru. **Teoria Geral da Administração:** da revolução urbana e revolução digital. 4ª ed. São Paulo: Atlas, 2004, pp. 151-2.

Guerra Mundial, pois com o advento dessa grande guerra, aplicaram-se a abordagem do *taylorismo* para treinar homens comuns e fazerem destes trabalhadores capacitados em poucos meses. No pós-guerra, todos os países que emergiram economicamente, como o Japão, Taiwan, Hong Kong e Cingapura basearam-se no axioma de Taylor.

A aplicação do conhecimento ao trabalho fez com que a produtividade crescesse aceleradamente. Essa expansão acarretou um aumento no padrão de qualidade de vida dos países desenvolvidos.

Para Oliveira Netto e Tavares (2006, pp. 22-23), pelos princípios da administração científica elaborada por Taylor, "[...] o trabalhador deveria se basear em quatro princípios básicos: desenvolvimento do trabalho como uma ciência; seleção e treinamento do trabalhador; cooperação com os trabalhadores e divisão do trabalho entre a direção e o trabalhador". Com esses princípios o *taylorismo* aumentava a produtividade por meio de uma sistematização das tarefas buscando ao mesmo tempo um controle no processo de trabalho.

Na Europa, Fayol defendia ideias similares às de Taylor, isto é, ele complementou com os seguintes pontos: aumentou o ganho na produtividade e melhorou a qualidade do produto por meio de uma divisão do trabalho por especialização do funcionário; indicou um responsável para poder responder pelos demais funcionários, dando a esse uma autoridade e responsabilidade e reforçou a unidade de comando evitando contra-ordens, ou seja, cada funcionário poderia responder por apenas um responsável de imediato. Criou grupos com atividades de mesmo objetivo chamando assim de unidade de direção. A disciplina em momento algum foi omitida.

Para Taylor, todo ambiente de trabalho tem que ter disciplina com regras e conduta de trabalho, visto que a ausência dessa disciplina gera desordem. Ele fortalece a prevalência dos interesses gerais, ou seja, os interesses da empresa sobrepõem aos interesses individuais. As principais tomadas de decisão, incluindo as principais atividades, devem ser centralizadas; em momento algum ele abre mão de uma hierarquia, caso contrário, a empresa entraria em anarquia. E por último, a ordem deve ser sempre mantida, ou seja, uma empresa deve ser organizada, cada coisa deve ter seu lugar e cada lugar deve conter uma coisa.

O que prevalece hoje em dia é a produtividade dos trabalhadores não manuais, a aplicação do conhecimento ao conhecimento, fazendo de um simples trabalhador, um empreendedor. Segundo Stoner e Freeman (1999), "[...] os empreendedores são pessoas que utilizam os fatores de produção na geração de novos bens e serviços. Eles são pessoas que vislumbram oportunidades que passam despercebidas por muitos e utilizam das informações semânticas para produzir algo novo e estão sempre à procura de mudanças e inovações, reagindo a elas, explorando-as como oportunidades". Nesse momento surge uma nova revolução: a revolução gerencial.

Ao gestor cabe saber como o conhecimento aplicado pode gerar novos conhecimentos e produzir resultados. Ele é importante em todas as organizações e não apenas em empresas, pois é visto como o recurso essencial, mas para extrairmos alguma produção, faz-se necessário que saibamos gerir, ou seja, aplicar o conhecimento ao conhecimento, pois desta maneira conseguiremos obter mais e novos recursos.

Nos tempos modernos, a gestão do conhecimento está cada vez mais direcionada para a criação de um ambiente no qual o funcionário é tratado mediante um clima de parceria, como se fosse um cliente preferencial, estimulando, assim, um sentimento em que prevalece a coesão para uma produtividade cada vez maior.

Baseado nessa coesão, algumas práticas são identificadas e visam à modificação do modo de gerir o conhecimento e alcançar os objetivos empresariais como: a valorização do funcionário; a maneira de gerir a organização, aumentando ainda mais a iniciativa dos funcionários (que é alcançada por meio de constantes treinamentos, tanto no aspecto teórico, como no aspecto prático e no reforço de valores e atitudes). Quanto ao processo de comunicação, não existe hierarquia, pois ele deve seguir um modelo no qual prevaleça a mão dupla e os funcionários possam revelar suas angústias, necessidades e expectativas, para que assim possam ser inseridos nos objetivos da empresa, gerando uma confiança mútua e uma maior eficiência.

4.3 Treinamento

Os países desenvolvidos gastam um quinto de seu PNB (Produto Nacional Bruto) na formação e disseminação do conhecimento, o que é um fator para a continuidade de seu crescimento. A formação do conhecimento é o maior investimento em todos os países desenvolvidos.

O retorno do país ou empresa que investe no conhecimento é um fator preponderante da sua competitividade, o que tornou as pessoas o principal patrimônio das organizações, sendo consideradas o diferencial competitivo de uma organização.

Segundo pesquisas recentes[30], as 500 maiores empresas brasileiras gastaram em 1997 cerca de 650 milhões de dólares em treinamento. Nos Estados Unidos esse valor chega a cerca de 50 bilhões de dólares.

As organizações necessitam se preparar cada vez mais para um mercado totalmente mutável e com grande competitividade, pois a palavra fronteira em seu sentido próprio não tem mais significado.

---

[30] Revista Exame, ano 31, nº 12, 03/06/1998, p. 123.

Para as organizações que pleiteiam ampliar os seus negócios, faz-se necessário prepararem-se continuamente para os grandes desafios, tanto na inovação quanto na concorrência, o que se dará mediante uma cultura de treinamento[31] pessoal.

Uma organização precisa treinar seus funcionários de maneira que ela possa buscar sempre excelência, visto que para muitas organizações, seus funcionários representam o que elas têm de maior valor, uma vez que conhecimento produz riquezas para as organizações.

Conceito de Treinamento

A palavra treinar é oriunda do latim *trahere*, o que significa trazer/levar a fazer algo. Partindo da premissa de que a produção de conhecimento aumenta cada vez mais e em pouco tempo, o conhecimento adquirido ficará obsoleto de maneira mais rápida. Os funcionários precisam aprender de uma forma continuada alavancando seu crescimento pessoal e profissional. Essa aprendizagem não está restrita apenas em salas de aula, ela perpassa todos os lugares.

O treinamento será enfocado como aprimoramento contínuo por meio do qual, com troca de informações e experiências, é possível ocorrer mudanças que favoreçam o crescimento profissional, baseado

---

[31] Para mais informações sobre treinamento, vide obra: Robbins (2002, pp. 241 a 246) e também Revista Exame, ano 31, nº 12, 03/06/1998, p. 123.

no axioma de Taylor. Além disso, uma grande parcela das organizações já percebe a importância do treinamento como agente transformador capaz de agregar cada vez mais os valores que elas necessitam para o seu desenvolvimento. É a educação para o trabalho e como tal, um dos meios transformadores. Por meio do treinamento, uma organização conseguirá agregar valor tanto para ela quanto para seus funcionários e também para seus clientes, enriquecendo cada vez mais o seu patrimônio.

O treinamento é um processo educacional, e como tal, necessita de uma metodologia que oriente e facilite a aprendizagem. É por meio dele que as organizações ensinam seus funcionários a aprenderem novas habilidades e atitudes. É um método sistemático e organizado para a realização de objetivos definidos, visto que é um processo educacional de curto prazo, por isso, torna-se necessário expandir a instrução e maximizar cada vez mais a educação.

O treinamento deve ser um diferencial importante para uma organização, pois ele leva o funcionário a uma ação com senso de responsabilidade e reconhecimento, implicando na mobilização, integração, transmissão de conhecimentos, recursos e habilidades que agregam valores econômicos à organização e valor social ao indivíduo.

O treinamento visa a uma melhor qualificação do funcionário, implicando mudanças de comportamento por meio da incorporação de novos hábitos, atitudes, conhecimentos e destrezas. Ele é composto de quatro etapas:

1 Diagnóstico

– consiste no levantamento das necessidades de treinamento. Elas podem ser passadas, presentes ou futuras.

2 Desenho

– consiste na elaboração do programa de treinamento para atender às necessidades diagnosticadas.

3 Implementação

– consiste na aplicação e condução do programa de treinamento.

4 Avaliação

– consiste na verificação dos resultados do treinamento.

Vantagens do Treinamento

Por meio do treinamento, a organização desenvolverá habilidades para a transformação contínua, tendo também capacidades de adaptação e inovação em menor tempo possível.

Todo treinamento deve ser um processo cíclico e contínuo, constante e ininterrupto, pois assim poderemos:

- aumentar a eficácia organizacional;
- melhorar a imagem da empresa, o clima organizacional e o atendimento aos clientes;

- aumentar a facilidade de mudanças e inovações;
- aumentar a eficiência;
- reduzir a rotatividade e absenteísmo do pessoal;
- elevar o conhecimento das pessoas;
- promover mudanças de atitudes e comportamentos das pessoas;
- aumentar as competências das pessoas;
- melhorar a qualidade de vida;
- promover a adequação das pessoas aos requisitos exigidos pelos cargos;
- melhorar o espírito de grupo e de cooperação;
- aumentar a produtividade;
- melhorar a qualidade;
- reduzir o índice de acidentes no trabalho;
- reduzir o índice de manutenção das máquinas e equipamentos;
- acabar com a inépcia dos funcionários.

4.4 Mais que uma Teoria da Evolução

A teoria da evolução vem sendo utilizada no contexto de uma organização. Mas as mudanças aqui ressaltadas serão tratadas como uma revolução, visto que a evolução se dá ao longo dos anos e não de maneira abrupta, como ocorre nas organizações. Essas são influenciadas direta ou indiretamente pelo ambiente, exigindo, assim, constantes mudanças organizacionais simultâneas como ocorreram com os seres vivos durante gerações.

As organizações eficazes são as que conseguiram uma melhor adaptação às exigências ambientais. As que não obtiveram o mesmo sucesso foram superadas por seus concorrentes, ou até mesmo extintas, ou forçadas a sair do negócio.

A teoria da evolução, ou evolucionismo, é muito aplicada às organizações, porque tem em seu cerne três fatores: seleção natural, mutação e efeitos do ambiente. Esses fatores também são aplicados às organizações, mas, obviamente levando em conta o diferente espaço de tempo, por isso denominamos revolução, revolução essa de extrema rapidez para a própria sobrevivência da organização no mercado competitivo.

A seleção natural está relacionada com a competitividade territorial, visto que as organizações precisam também se defender de seus concorrentes. Apenas as organizações preparadas conseguem sobreviver no mercado competitivo atual. A mutação é o modo como as organizações se estruturam ou, até mesmo, mudam a natureza de seus negócios, acompanhando as tecnologias e tendências mercadológicas. Por último, temos os efeitos do ambiente, pois quando o ambiente se transforma, as empresas devem se adaptar e se adequar às novas condições, emigrar ou, na pior das hipóteses, perecerem:

> *[...] enfrentar um mundo em constante mudança, qualquer entidade precisa desenvolver a capacidade de migrar e mudar, de desenvolver novas habilidades e atitudes. Em resumo, a capacidade de aprender (DE GEUS, 1998, p. 5).*

O autor nos releva que é importante uma organização estar preparada para mudanças, tanto em sua habilidade quanto em sua atitude. Isso reforça o uso da ideia da teoria da evolução.

As vantagens competitivas ultrapassam a teoria da contingência[32], que têm como premissa básica a interação ambiental em qualquer nível de análise, no qual o desempenho é um resultado conjunto das forças ambientais e das estratégias ambientais.

Os únicos recursos das organizações são os fatores críticos de sucesso[33], que permitem a sustentação e o desenvolvimento de uma vantagem competitiva estratégica. Estes recursos incluem todos os ativos tangíveis e intangíveis, como: capital, equipamentos,

---

[32] Para mais informações sobre Teoria da contingência, leia a seguinte obra: GOLDRATT, Eliyahu M. **A Meta**. São Paulo: Educator, 1986.

[33] Para um estudo mais aprofundado, aconselhamos a obra: 1) GONÇALVES, Carlos A.; JAMIL, George Leal e TAVARES, Wolmer R. **Marketing de Relacionamento – DataBase Marketing:** uma estratégia para adaptação em mercados competitivos. Rio de Janeiro: Axcel Books, 2002.

funcionários, informação e conhecimento, devendo ser ímpares, ou seja, valiosos para a organização e difícil ou impossível a sua cópia com exatidão.

Uma organização que possui vantagem única em um mercado dinâmico consegue competir eficazmente, melhorando assim sua base de recursos por meio da gestão do conhecimento.

4.5 Sociedade do Conhecimento

Segundo Crawford (1994), "[...] o mundo experimentou mudanças que influenciaram tanto a base econômica, como a estrutura social". Essas mudanças foram divididas em três etapas: na primeira, os homens passaram de uma economia tribal de caça e coleta, para uma economia agrícola. Tudo isso teve início há 8.000 anos e ainda existe em algumas regiões onde impera uma sociedade primitiva. Nessa sociedade, a terra era a vantagem estratégica e econômica para a sociedade.

A segunda etapa de transição foi da economia agrícola para a economia industrial, começando na Grã--Bretanha, nos meados do século XVIII e propagando--se pela Europa Ocidental, Estados Unidos da América e Japão no século XIX. Nessa etapa, a vantagem econômica passou a ser o motor e a fonte de energia.

Atualmente, nos encontramos na terceira etapa, ou seja, na sociedade do conhecimento, que está sendo marcada por transformações, causando mudanças no ser humano e em suas relações com o meio, quer seja econômico, político ou social. Nesta etapa a sociedade é definida pelo tipo de conhecimento que dispõe, valendo tanto para o conhecimento natural quanto para o religioso ou para a reflexão teórico-social. Essa etapa teve início nos Estados Unidos há aproximadamente 25 anos e está se propagando rapidamente pelos países industrializados e desenvolvidos do mundo.

A sociedade do conhecimento é a sociedade na qual as riquezas não estão centradas nas indústrias e sim na produção do conhecimento pertinente, prevalecendo o capital humano. Ela tem sido, coincidentemente, causa e efeito de transformações aceleradas e excessivas do modo de ser e de viver das pessoas.

Nessa sociedade, a informação deixa de ser um instrumento de controle e passa a ser uma ferramenta para o recurso da comunicação, oferecendo recursos diversos e incentivando o capital humano. O que prevalece nessa sociedade é o reconhecimento de a capacidade humana ser ilimitada em gerar conhecimentos, visto que nessa sociedade, o modelo de produção é flexível e não mais em escala.

O conhecimento deve ser uma busca constante, pois as certezas estão sempre sendo questionadas. Na sociedade do conhecimento o indivíduo é polivalente e empreendedor e não mais especializado. O fator tempo é denominado por sistemas *real time* (tempo real) e não mais por grandes intervalos para se obter uma resposta; o espaço para se trabalhar é ilimitado (o que antes era limitado e bem definido) e, finalmente, a massa dos produtos deixa de ser tangível passando a ser intangível (o que reforçou ainda mais a sociedade do conhecimento).

O conhecimento nessa sociedade é uma ferramenta propulsora da competitividade entre as organizações e uma vantagem competitiva autossustentável que propicia novas oportunidades e estabelece profícuas sinergias[34] entre todas as pessoas e organizações que compõem essa sociedade.

---

[34] Coesão dos membros de um grupo ou coletividade em prol de um objetivo comum. Extraído do dicionário eletrônico Houaiss da língua portuguesa 1.0.5.

Capítulo 5

EDUCAÇÃO: AGENTE DETERMINANTE CRÍTICO

5.1 Educação

Os limites da educação não devem situar apenas nas escolas, visto que onde houver redes de estruturas sociais haverá transferência de saber e consequentemente, educação, pois ela é o resultado da ação de todo o meio sociocultural sobre os envolvidos no exercício de viver e conviver. Abordaremos neste capítulo a psicologia experimental idealizada por John Dewey e não a psicologia associacionista existente em muitas instituições educadoras, visto que aquela se baseia na necessidade de se valorizar a capacidade de pensar e agir dos alunos.

A educação[35] é um agente determinante crítico que norteia os indivíduos para um conhecimento como ação transformadora na reprodução de uma sociedade na qual se encontram inseridos. A educação desenvolve em cada um toda a perfeição de que se possa ser capaz, fazendo com que esses indivíduos saiam da inaptidão e busquem o ideal social, alcançando uma maior produção de bens e valores para a organização na qual atuarão.

A importância da educação para o homem ocidental é tão relevante, que tem como marco algumas transformações que influenciaram e continuam influenciando a sociedade atual. Algumas transformações afetaram diretamente as estratégias organizacionais

---

[35] A educação vista nesse contexto é a filosofia da educação experimentalista e pragmatista de John Dewey. Ele estreitou a relação entre teoria e prática, mostrando que as hipóteses teóricas só têm sentido no dia-a-dia. Para mais informações, veja as obras: 1) PITOMBO, Maria Isabel Moraes. **Conhecimento, Valor e Educação** in **John Dewey**. São Paulo: Pioneira, 1974. 2) GILES, Thomas Ransom. **Filosofia da Educação**. São Paulo: EPU, 1983. 3) LUCKESI, Cipriano Carlos, **Filosofia da Educação.** São Paulo: Cortez, 1994. 4) TOMAZI, Nelson Dacio. **Sociologia da Educação.** São Paulo: Atual, 1997. 5) DEMO, Pedro. **Saber Pensar.** São Paulo: Cortez: Instituto Paulo Freire, 2000 – (Guia da Escola Cidadã; v. 6). 6) HADJI, Charles. **Pensar e Agir a Educação:** da Inteligência do Desenvolvimento ao Desenvolvimento da Inteligência. Trad. Vanise Dresh, Porto Alegre: Artmed, 2001. 7) IMBERNÓN, F. **A Educação no Século XXI.**. Trad. Ernani Rosa, Porto Alegre: Artmed, 2000.

e ficaram conhecidas como: Revolução Industrial, Revolução da Produtividade e Revolução Gerencial, dentre outras.

Quando se educa alguém, ocorre um aprendizado que proporciona um conhecimento sobre algo, não se restringindo apenas ao:

> *[...] aspecto intelectual, pois abrange também a formação de atitudes práticas de eficiência, o fortalecimento e desenvolvimento de disposições morais e o cultivo de apreciações estéticas (PITOMBO, 1974, p. 80).*

Tal aprendizado faz com que o indivíduo se adapte ou transforme o ambiente, produza uma realidade e gere um novo conhecimento, fator esse que implica um diferencial nas escolas e nas organizações, fazendo com que essas instituições se sobressaiam no mercado e busquem inovações mercadológicas, adequações e maneiras de vislumbrar novos caminhos.

5.2 Educação: Fases distintas

A educação pode ser vista como um conjunto de processos intencionalmente aplicados por uma dada sociedade ou grupo, para realizar nos indivíduos, os ideais por ela aprovados. Assim, a educação pode, também, designar os meios e métodos adotados, a fim de dar ao indivíduo certas aptidões de caráter intelectual.

Por isso ela tem duas fases distintas: uma, o desenvolvimento físico e psíquico do indivíduo, com referência às suas atividades consideradas em conjunto; e a outra, o processo que tem por fim ajustar as suas atividades ao meio social, quer dizer, aos ideais e práticas consuetudinárias[36] da sociedade.

A educação se preocupa com o cenário, isto é, com o ambiente onde o indivíduo se encontra inserido, por isso é importante trabalharmos o consenso das ideias dos indivíduos resultando em um ambiente democrático em que prevaleça a busca incessante de conhecimentos.

A educação do homem vem sendo motivo de inquietação dos indivíduos desde a Grécia antiga, pois os gregos tinham uma preocupação quanto à educação dos jovens, visto que esses seriam os futuros cidadãos. Ela deveria ser a chave mestra para o desenvolvimento geral de um indivíduo e o prepararia para tomar suas decisões.

Hoje, a educação é vista como um trunfo indispensável à humanidade para a construção de ideais de paz, liberdade e justiça, transformando em um fator

---

[36] Que se pratica repetidamente, como um costume; usual, costumeiro, habitual, que diz respeito aos costumes de um povo, que se baseia nos costumes, na prática, nos hábitos de uma sociedade. Extraído do dicionário eletrônico Houaiss da língua portuguesa 1.0.5.

de suma importância à humanização e à socialização, o que é defendido por Pitombo (1974, p. 105), quando nos diz que ela deve "[...] ser considerada como reconstrução contínua da experiência, não como uma preparação para a vida futura, mas a vida mesma, consistindo no próprio processo vital".

Portanto, a educação não pode ser limitada à apresentação de conteúdos fazendo uso do ensino bancário, que degrada a autonomia do ser, depositando informações na maioria das vezes irrelevantes para o crescimento moral e intelectual do aluno. Ela deve partir das capacidades, dos interesses e dos hábitos do indivíduo.

A educação para a prática cotidiana está embasada nas novas especificações, ou seja, ela deve prover uma educação universal e imbuir os estudantes de motivação para um aprendizado permanente, conciliando teoria e prática. Deve ser acessível a todos, comunicando um conhecimento sem barreiras sociais, sem que ocorra o monopólio por parte das escolas.

Essa educação precisa permear por toda a sociedade, e o professor não precisa ensinar conteúdos de forma comportamental, impondo de fora certas ideias e hábitos. O professor é o mediador entre o aluno e a busca do conhecimento, pois é o membro mais experiente, e por consequência, põe a prática de seus alunos a serviço do bem comum.

Ao ensinar, o docente deve analisar os três níveis que existem na aprendizagem: o nível psicopedagógico, o nível sociopedagógico e o nível biopedagógico. O primeiro nível se baseia no comportamento aluno *versus* professor, em que há a preocupação de fazer a mensagem chegar ao aluno. Nesse ciclo deve-se trabalhar com o aluno em seu ambiente psicossocial, motivando-o e fazendo-o ser um bom receptor. Deve-se mostrar que a força interior (moral) do aluno é mais influente que a pressão sociológica. No segundo nível devem-se analisar as pressões vividas pela sociedade, o excesso de informação e os aspectos das barreiras do ensino; e no último nível, o biopedagógico, a educação deve preocupar-se com o lado da doença e da miséria.

O educador precisa ser o motivador, o incentivador, o animador, o instigador e o facilitador do aprendizado do aluno, (tanto no aspecto cognitivo quanto nos aspectos afetivo-emocional e interpessoal) e não o detentor único e exclusivo da informação e do conhecimento. Precisa estar sempre se fazendo num contínuo reorganizar, reconstruir e transformar, propiciando um relacionamento igual entre os envolvidos no processo de aprendizagem, transformando seu educando em um indivíduo autônomo.

5.3 Educação e Sociedade do Conhecimento

Na sociedade do conhecimento, a educação deve ser um contínuo processo de reconstrução e transformação gerando no indivíduo um aprendizado teórico-prático relevante, e não uma educação baseada na helenização que consiste em transmitir ao homem livre o conhecimento enciclopédico, ou seja, a formação do homem erudito, fator sem pertinência para o trabalho vigente. Aqui a educação gera conhecimento, que é aplicado por meio de uma ação que se transforma em um bem capital criado por um homem prático possibilitando que resolva problemas reais ao compartilhar experiências dentro e fora das escolas.

Segundo Giles (1983, p. 68), é a partir de Quintiliano[37] e Sêneca[38] em Roma que "[...] o processo educativo começa a visar com especial atenção problemas práticos". Em outra passagem ele afirmou que "[...] a finalidade do processo educativo consiste em preparar o educando para uma vida essencialmente prática", tema que foi reforçado por Francis Bacon, o qual defendia que a educação deve ser uma constante reconstrução da experiência, não se limitando apenas às salas de aula. John Dewey foi o grande divulgador da filosofia da educação experimentalista e prag-

---

[37] Marcus Fabius Quintilianus (35-95) foi professor de Retórica na Roma Antiga.

[38] Lucius Aneus Sêneca (4a.C.–65d.C.) filósofo romano.

matista. Por meio dessa filosofia, as pessoas devem sempre estar preparadas e conscientes para a solução de problemas oriundos de um mundo em constante transformação.

Com isso o homem precisa desenvolver seu lado intelectual, industrial e social. Na parte intelectual devemos buscar uma ciência aplicada a coisas úteis que facilite a produção e promova o bem-estar. Em relação à parte industrial, essa é reforçada pelo capitalismo, pois a tecnologia reforça ainda mais este quesito, visto que para se ter um domínio tecnológico, faz-se necessário certo grau de conhecimento. A parte social só ocorre numa democracia.

Em suma, como afirma Pitombo (1974, p. 28), é preciso seguir a psicologia experimental sugerida por John Dewey e "[...] não mais a associacionista e estática, para a qual as atividades mentais se agrupavam como mosaicos", ou seja, o sucesso do educando se dá por meio de trocas de ideias, processo conhecido também como *Brainstorming*[39], pois dessa maneira ocorre um aprendizado por meio da troca de ideias e experiências,

---

[39] Método de apresentação de ideias para resolução de algum problema ou criação de algum novo produto ou agregação de valor a um produto já existente. Esse método se baseia em uma estimulação "vale-tudo" sem censura de qualquer natureza. Nesse método as pessoas são livres para imaginar qualquer situação. Uma vez feito isso, todas as ideias são explicitadas e combinadas com as demais.

o que ocorrerá em um ambiente que prevaleça a democracia sem barreiras, quanto ao intercâmbio de ideias.

A motivação para o aprendizado deve estar baseada nos pontos fortes dos alunos; nessa perspectiva o professor é o responsável por explorar e salvaguardar o potencial educativo de cada indivíduo.

Ao falarmos em educar, devemos ter em mente que essa ação pode ter vários significados, e um deles pode ser salvaguardar e explorar o potencial de cada indivíduo. O ato de educar deve ter como base algumas aprendizagens fundamentais que ao longo da vida serão, de algum modo, para cada indivíduo, os pilares do conhecimento, fazendo assim, com que esse indivíduo busque cada vez mais sua emancipação e humanize-se continuamente em sua vida. Tais pilares devem se basear no aprender a conhecer, aprender a fazer, aprender a viver e aprender a ser. Esses pilares auxiliarão na conquista de uma cidadania transformando a sociedade sem que haja a alienação dos educandos e abra mão do *behaviorismo*.

Obviamente, para que essa educação ocorra, será necessário que o educador tenha o hábito da leitura, pois caso isso não ocorra, como conseguirá incentivar em seu educando a paixão pelo mundo da leitura, a busca incansável do saber e o interesse pela política?

5.4 A Escola x Organização:
Uma parceria necessária

Há muito tempo a escola tem sido uma instituição social básica, mas, tradicionalmente, ela se tornou uma instituição separada das outras organizações. Para Pitombo (1974, p. 90), "[...] a escola outra finalidade não tem, senão servir à vida social"[40]. Com isso, ela precisa se organizar, transformar-se em um sistema aberto, no qual, por meio de parcerias ou interesses de ambas as partes, outras instituições possam favorecer um ambiente promissor a um conhecimento prático, transformando a educação em atividade vitalícia fazendo com que a sociedade do conhecimento aproveite do potencial do indivíduo e assim gere bens para a sociedade

A escola não pode ser vista como o local onde a educação termina, como foi afirmado por John Dewey, que acreditava ser o processo educativo uma troca de ideias, e essa troca não começava ou terminava na escola. A escola deveria ser vista como um lugar onde se continuaria a aprender, seja em um seminário de alguns dias, em um curso de final de semana ou em um curso de verão e assim por diante.

---

[40] Por vida social, entendemos não apenas a vida cívica, mas também a vida familiar, profissional e todos os demais aspectos de convivência social. PITOMBO, Maria Isabel Moraes. **Conhecimento, valor e educação** *in* **John Dewey**. São Paulo: Pioneira, 1974.

5.5 Educação: Reprodução da Sociedade

De acordo com Luckesi (1994, pp. 38-50), existem três tendências da educação na sociedade, sendo elas: educação, como redenção da sociedade; educação, como reprodução da sociedade e, por último educação, como transformação da sociedade. Nosso trabalho segue a segunda e a terceira tendências, ou seja, a educação como reprodução da sociedade e a educação como transformação da sociedade, já que a primeira tem como linha as ideias de Comênio (1592-1670), que afirma que por causa da desobediência o ser humano pôs a perder o paraíso das delícias corporais. O autor sempre lamentava o presente, não acreditava na geração atual e pregava que a redenção da sociedade só ocorreria com investimento na nova sociedade simplesmente abandonando as gerações atuais e passadas:

> Com efeito, para transplantar árvores velhas e nelas difundir fecundidade, não basta a força da arte. Portanto, as mentes simples e não ainda ocupadas e estragadas por vãos preconceitos e costumes mundanos são as mais aptas para amar a Deus. (Comênio, p. 65, apud Luckesi, 1994, p. 40).

A segunda tendência nos mostra que a educação é parte integrante da sociedade e a reproduz, isto é, a educação está a seu serviço reproduzindo o modelo vigente. A educação é um modelo próprio dessa sociedade e tem como condicionantes econômicos, sociais e políticos as variáveis que vão diferir da educação de outra região, buscando a necessidade que vai direcioná-la para a busca de um conhecimento onde é aplicado à solução de problemas. Nesse contexto a educação é crítica e reproducionista.

Salientamos aqui que a educação também é transformadora da sociedade, mas não entraremos nesse mérito, visto que a segunda tendência é a que mais se ajusta a esse trabalho, pois o conhecimento nele será aplicado à ação utilizando uma teoria crítica[41].

O conhecimento na educação do funcionário é o fator mais importante para uma organização atingir o estágio de excelência em um mercado. Essa educação auxilia a organização quanto a uma assimilação e criação de novos conhecimentos para que se mantenha sempre ativa e competitiva. Ao trabalhar esse conhecimento dos funcionários é importante que eles transformem o conhecimento explícito do gestor em conhecimento aplicável à sua realidade. Quanto mais o conhecimento é exposto ao funcionário, maior é a

---

[41] Teoria da Crítica – não é a ocupação puramente intelectual; porém, o que constantemente se faz durante a vida consciente, ou o que se experimenta na vida prática. Pitombo (1974, p. 28).

mudança para ele e para a organização, visto que o conhecimento adquirido o auxilia em uma adaptação à nova realidade criando maneiras de nela intervir.

Em uma economia na qual existe grande incerteza, uma das garantias de vantagem competitiva é o conhecimento, e como criar e integrar esse conhecimento tem sido a grande preocupação das organizações. Esse aprendizado auxilia a organização na melhoria da qualidade, torna-a mais competitiva e aumenta o *empowerment* (autonomia) do funcionário, proporcionando mais velocidade na reação às mudanças ambientais.

REFERÊNCIAS BIBLIOGRÁFICAS

ARRUDA, Eucídio. **Ciberprofessor:** novas tecnologias, ensino e trabalho docente. Belo Horizonte: Autêntica, 2004. 135 p.

BARROS, Aidil de Jesus Paes de. **Projeto de pesquisa: propostas metodológicas** – 16ª ed. Petrópolis: Vozes, 2005. 127 p.

BARROS, Aidil Jesus da Silveira; LEHFELD, Neide Aparecida de Souza. **Fundamentos de metodologia científica:** um guia para a iniciação científica. São Paulo: Makron Books, 2000. 122 p.

BAUMAN, Zygmunt. **Globalização: Consequências Humanas**. Tradução de Marcus Penchel. Rio de Janeiro: Jorge Zahar, 1999, (pp.1-136)

BEHRENS, Marilda Aparecida. **Novas tecnologias e mediação pedagógica**. 8ª ed. Campinas: Papirus, 2004. 173 p. (Coleção Papirus Educação).

BERTÁGLIA, P.R. **Logística e gerenciamento da cadeia de abastecimento**. São Paulo: Saraiva, 2003.

CASTELLS, Manuel. **A sociedade em rede:** a era da informação: economia, sociedade e cultura – v. 1 – 7ª ed. São Paulo: Paz e Terra, 2002. 698 p.

_____, Manuel. **O poder da identidade.** 3ª ed. São Paulo: Paz e Terra, 2003. 530 p.: il. (A era da informação: economia, sociedade e cultura).

CERVO, Amado Luiz; BERVIAN, Pedro Alcino. **Cervo: Metodologia científica** – 5ª ed. São Paulo: Prentice Hall, 2002. 242 p.

CHARLE, Christophe e VERGER, Jacques. **História das Universidades.** Tradução Élcio Fernandes – São Paulo: Universidade Estadual Paulista, 1996 (pp. 13-28).

CHIAVENATO, Idalberto. **Gestão de Pessoas:** e o novo papel dos recursos humanos nas organizações. 2ª ed. Rio de Janeiro: Elsevier, 2004, pp. 1-61.

_____, Idalberto, Leif & MALONE, Michael S. **Introdução à Teoria Geral da Administração**. 6ª ed. Rio de Janeiro: Campus, 2000.

CRAWFORD, Richard. **Na era do capital humano:** o talento, a inteligência e o conhecimento como forças econômicas, seu impacto nas empresas e nas decisões de investimento. São Paulo: Atlas, 1994.

CRIVELLARI, Helena Maria Tarchi. **Gestão, Trabalho e Cidadania** – Gestão do conhecimento: Novas Ferramentas para Velhas Concepções. Belo Horizonte: CEPED-Autêntica, 2001.

DAU, Sandro, BATISTA, Rita de Cássia S. F., GEOFFROY, Rodrigo Tostes. **Ciência:** pesquisa, método e normas. Barbacena: UNIPAC, 2004.

DAVENPORT, Thomas H. **Ecologia da Informação.** São Paulo: Futura, 1998.

DAVENPORT, T. H.; PRUSAK, L. **Conhecimento Empresaria**l: como as organizações gerenciam o seu capital intelectual. Rio de Janeiro: Campus, 2003.

DAYRELL, Juarez (org.). **Múltiplos olhares sobre educação e cultura.** Belo Horizonte: UFMG, 1996. 194 p. (Humanitas).

DE GEUS, A. P. **A empresa viva:** como as organizações podem aprender a prosperar e se perpetuar. Rio de Janeiro: Campus, 1998.

DE MASI, Domenico. **A sociedade pós-industrial.** São Paulo: SENAC, 1999. 443 p.

DELORS, Jacques. **Educação: um tesouro a descobrir.** 6ª ed. São Paulo: Cortez; Brasília, DF: MEC: UNESCO, 2001, "Relatório para UNESCO da Comissão Internacional Sobre Educação para o Século XXI", pp. 1 a 117

DEMO, Pedro. **Saber Pensar.** São Paulo: Cortez: Instituto Paulo Freire, 2000 – (Guia da Escola Cidadã; v. 6).

DRUCKER, Peter F. **Administrando em tempos de grandes mudanças.** São Paulo: Pioneira, 2002. 230 p.

_____. **Sociedade pós-capitalista.** São Paulo: Pioneira, 2002. 186 p.

_____. **O advento da nova organização** *in* **Gestão do Conhecimento** (onknowledge management) Harvard Business Review, pp. 9-26. Rio de Janeiro: Campus, 2001.

EDVINSSON, Leif, MALONE, Michael S. **Capital Intelectual:** Descobrindo o valor real de sua empresa pela identificação de seus valores internos. São Paulo: Makron Books, 1998.

FELICIANO NETO, Acácio *et all.* **Engenharia da Informação.** São Paulo: Makron, 1988.

FERRAZ, João Carlos; KUPFER, David; HAGUE-NAVER, Lia. **Made in Brazil:** desafios competitivos para a indústria. Rio de Janeiro: Campus, 1995.

FLEURY Maria Tereza L.; OLIVEIRA JR., Moacir de M. **Gestão estratégica do conhecimento:** integrando aprendizagem, conhecimento e competências, São Paulo: Atlas, 2001.

FLEURY, Afonso, & FLEURY, Maria Tereza Leme. **Aprendizagem e inovação Empresarial.** São Paulo: Atlas, 1998, p. 20.

FRANCO, Simon. **Criando o Próprio Futuro:** O mercado de trabalho na era da competitividade total. São Paulo: Ática, 1999. 181 p.

FREIRE, Paulo. **Pedagogia da Autonomia** – Saberes necessários à prática educativa. São Paulo: Paz e Terra, 1996.

FURLAN, José Davi. **Como elaborar e Implementar Planejamento Estratégico de Sistemas de Informação**. São Paulo: Makron, 1991.

GALBRAITH, Jay. **Organizational Design Reading**. USA: Addinson Wesley, 1977.

GIL, Antônio Carlos. **Como Elaborar Projetos de Pesquisa**. São Paulo: Atlas, 2002.

GOLDRATT, Eliyahu M. **A Meta**. São Paulo: Educator, 1986.

_____. **Mais que Sorte...** Um Processo de Raciocínio. São Paulo: Educator, 1994.

GOUNET, Thomas. **Fordismo e Toyotismo**. São Paulo: Bontempo Editorial, 1999.

GRANT, R.M. Toward a knowledge-based theory of the firm. **Strategic Management Journal**, v. 17, pp. 109-122, 1996.

GROSSI, Esther Pillar (org.); BORDIN, Jussara (org.). **Paixão de aprender.** 12ª ed. Petrópolis: Vozes, 2001. 262 p.

HADJI, Charles. **Pensar e Agir a Educação:** Da inteligência do Desenvolvimento ao desenvolvimento da inteligência. Trad. Vanise Dresh, Porto Alegre: Artmed, 2001.

HALL, Stuart. **A identidade cultural na pós-modernidade** – 9ª ed. Rio de Janeiro: DP&A, 2004. 102 p.

HARVEY, David. **Condição Pós-Moderna:** Uma pesquisa sobre as origens da mudança cultural. 9ª ed. São Paulo: Loyola, 2000. 349 p.

HELOANI, Roberto. **Gestão e organização no capitalismo globalizado:** História da manipulação psicológica no mundo do trabalho. São Paulo: Atlas, 2003.

HOU, Wee Chow, SHEANG, Lee Khai, HIDAJAT, Bambang Walujo. **SUN TZU: Arte da Guerra e do Gerenciamento.** Rio de Janeiro: Record, 1999.

IANNI, Octávio. **Teorias da globalização.** 11ª ed. Rio de Janeiro: Civilização Brasileira, 2003. 271 p.

IMBERNÓN, F.. **A Educação no Século XXI.** Trad. Ernani Rosa, Porto Alegre: Artmed, 2000, pp. 21-35.

KIM, D.H. **O elo entre a aprendizagem individual e a aprendizagem organizacional.** *In*: A Gestão Estratégica do Capital Intelectual. KLEIN, D.ª (org.). Rio de Janeiro: Qualitymark, 1998, pp. 61-92.

KOLB, David A. **A Gestão e o Processo de Aprendizagem.** *In* _____, Como as Organizações Aprendem: Relatos do Sucesso das Grandes Empresas. *In* São Paulo: Futura, 1997.

KOTLER, Philip; ARMSTRONG, Gary. **Princípios de Marketing.** 7ª ed. Rio de Janeiro: LTC, 1998. 527 p.

LAKATOS, Eva Maria; MARCONI, Marina de Andrade. **Fundamentos de metodologia científica** – 6ª ed. São Paulo: Atlas, 2005. 315 p.

LEI, D., HITT, M.ª, BETTIS, R. Competências essenciais dinâmicas mediante a meta-aprendizagem e o contexto estratégico, *In*: **Gestão Estratégica do Conhecimento:** integrando aprendizagem, conhecimento e competências. FLEURY, M. T. L & OLIVEIRA JR., M. M (org.). São Paulo: Atlas, 2001, pp. 157-186.

LEITE, Marcia de Paula, **O Futuro do Trabalho:** Novas Tecnologias e Subjetividade Operária. São Paulo: Página Aberta, 1994.

LEMOS, André; PALACIOS, Marcos (org.). **Janelas do ciberespaço: comunicação e cibercultura** 2ª ed. Porto Alegre: Sulina, 2001. 280 p.

LUCKESI, Cipriano Carlos. **Filosofia da Educação.** São Paulo: Cortez, 1994.

MAÑAS, Antonio, **Administração da Informática**, São Paulo: Érica, 1994.

MARCIAN, Leda Massari. **Treinamento e Desenvolvimento de Recursos Humanos**, São Paulo: E.P.U., 1987.

MARKUS, L. Toward a theory of knowledge reuse: types of knowledge reuse situations and factors in reuse success. *in*: **Journal of Management Information Systems**, vol. 18, pp. 57-93, 2001.

MASI, Domenico de, **A Sociedade Pós-Industrial**. São Paulo: SENAC, 1999.

MATTAR, F. N. **Pesquisas de Marketing**: metodologia, planejamento – 5ª ed. São Paulo: Atlas, 1999.

MATTELART, Armand. **História da Sociedade da Informação**, São Paulo: Edições Loyola, 2002 (pp. 1-150).

MAXIMINIANO, Antonio César Amauru. **Teoria geral da administração:** da revolução urbana à revolução digital. 4ª ed., São Paulo, Atlas, 2004 (pp. 302-413).

MIEGE, Bernard. **O pensamento Comunicacional.** Petrópolis: Vozes, 2000. 141 p. (Comunicação de massa).

MILLER, Jerry P. **O milênio da inteligência competitiva.** Porto Alegre: Bookman, 2002. 293 p.

MINTZBERG, Henry. **Criando organizações eficazes:** estruturas em cinco configurações. 2ª ed. São Paulo: Atlas, 2003. 334 p.

MONTGOMERY, Cynthia A. **Estratégia:** A busca da vantagem competitiva. Rio de Janeiro: Campus, 1998.

MORGAN, Gareth. **Imagens da organização.** 2ª ed. São Paulo: Atlas, 2002.

MORIN, Edgar. **O método IV – as ideias:** A sua natureza, vida, habitat e organização. Portugal: Publicações Europa-América, 1991 (pp. 13-26).

MOTTA, Fernando C. Prestes e VASCONCELOS, Isabella F. Gouveia de. **Teoria Geral da Administração**. São Paulo: Pioneira (Thomson Learning), 2002 (pp. 71-129)

MURRAY, P. Knowledge management as a sustained competitive advantage. *in*: **Ivey Business Journal**; London, 8 p. Disponível em <http//proquest.uml.com.>. Acesso em 03 de jun. de 2002.

NASH, Laura L. **Ética nas empresas** – guia prático para soluções de problemas éticos nas empresas. São Paulo: Makron Books, 2001. 240 p.

NONAKA Ikujiro: **A Empresa Criadora do Conhecimento**. *In* STARKEY, Ken. Como as Organizações Aprendem: Relatos do Sucesso das Grandes Empresas. São Paulo: Futura, 1997.

NONAKA, Ikujiro, TAKEUCHI, Hirotaka. **Criação de Conhecimento na Empresa** – Como as Empresas Japonesas Geram a Dinâmica da Inovação. Rio de Janeiro: Campus, 1997.

OLIVEIRA NETTO, Alvim Antônio de. **Metodologia da Pesquisa Científica:** Guia Prático para Apresentação de Trabalhos Acadêmicos. Florianópolis: Visual Books, 2005.

OLIVEIRA, Djalma de Pinho Rebouças de. **Sistemas, Organizações e Métodos:** Uma abordagem gerencial. São Paulo: Atlas, 2000, 11ª ed.

OLIVEIRA, Djalma de Pinho Rebouças de. **Planejamento Estratégico:** Conceitos, metodologia e prática. 14ª ed. São Paulo: Atlas, 1999.

OLIVEIRA, JR. M.M.. Competências essenciais e conhecimento na empresa; *In*: **Gestão Estratégica do Conhecimento**: integrando aprendizagem, conhecimento e competências. FLEURY, M. T. L & OLIVEIRA JR., M. M (org.). São Paulo: Atlas, 2001. pp. 121-156.

OLIVEIRA, Marco A. Garcia. **E agora José?:** Guia para quem quer buscar emprego, mudar de trabalho, montar um negócio ou repensar sua carreira. 2^a ed. São Paulo: SENAC, 2000. 494 p.

ORTIZ, Renato. **Mundialização e cultura.** São Paulo: Brasiliense, 2003. 234 p.

PHILLIPS, Joseph. **PMP – Project Management Professional: guia de estudo.** Rio de Janeiro: Campus, 2004. 606 p.

PILETTI, Nelson. **Psicologia Educacional.** 17^a ed. São Paulo: Ática, 2003.

PORTER, Michael E. **Competição – on competição**: estratégias competitivas essenciais. 11^a ed. Rio de Janeiro: Elsevier, 1999. 515 p. Título original: On competition. ISBN 85-352-0447-4.

PRAHALAD, C. K., HAMEL, G., Core competence of the corporation. **Harvard Business Review**, Boston, v. 69, n° 3, May/June, 1990. Tradução: Fundação Dom Cabral.

PRAHALAD, C.K. **HSM Management** – nov/dez/99

REZENDE, Denis Alcides, **Engenharia de Software e Sistemas de Informação**, Rio de Janeiro: Brasport, 1999.

RICHARDSON, Jarry Roberto & Colaboradores. **Pesquisa Social:** métodos e técnicas. São Paulo: Atlas, 1985.

RIFIKIN, Jeremy. **O fim dos empregos**. São Paulo: Makron, 1996.

ROBBINS, Stephen Paul. **Administração: mudanças e perspectivas.** São Paulo: Saraiva, 2002. 524 p.

ROSINI, Alessandro Marco; PALMISANO, Angelo. **Administração de sistemas de informação e a gestão do conhecimento.** São Paulo: Pioneira/Thomson, 2003. 219 p.

RUAS, Roberto Lima (org.). **Os novos horizontes da gestão**: aprendizagem organizacional e competências. Porto Alegre: Bookman, 2005. 222 p.

SAVIANI, José Roberto. **O Analista de Negócios e da Informação**, São Paulo, Atlas, 1998.

SENGE, Peter M.: **A Quinta Disciplina**. São Paulo: Best Seller, 1990.

_____ . **O Novo Trabalho do Líder: Construindo Organizações que aprendem.** *In* _____ , Como as Organizações Aprendem: Relatos do Sucesso das Grandes Empresas. São Paulo: Futura, 1997.

SHANON, Claude E. **A Mathematical Theory of Communication**. Bell System Technical Journal., vol. 27. Julho 1948, pp. 632-656.

SILVA, Reinaldo Oliveira da. **Teorias da Administração.** São Paulo, Pioneira Thomson Learning, 2004 (pp. 43-84).

SPENDOLINI, Michael J. **Benchmarking**. São Paulo, Makron Books, 1993.

STARKEY, Ken, **Como as Organizações Aprendem:** relatos do sucesso das grandes empresas. São Paulo: Futura, 1997.

STATA, Ray. **Aprendizagem Organizacional – A chave da inovação gerencial** *in* STARKEY, Ken, **Como as Organizações Aprendem:** relatos do Sucesso das Grandes Empresas. São Paulo: Futura, 1997 (pp. 300-390).

STONER, James A. F; FREEMAN R. Edward. **Administração**. 5ª ed. Rio de Janeiro: LTC, 1999.

SVEIBY, Karl Erik. **A nova riqueza das organizações:** Gerenciando e avaliando patrimônios de conhecimento. 5ª ed. Rio de Janeiro: Campus, 1998.

TACHIZAWA, T. **Metodologia de pesquisa aplicada à administração.** Rio de Janeiro: Pontal, 2002.

TAVARES, Mauro Calixta. **Planejamento estratégico:** a opção entre sucesso e fracasso empresarial. São Paulo: Harbra, 1991. 199 p.

TERRA, José Cláudio Cyrineu. **Gestão do conhecimento – o grande desafio empresarial:** uma abordagem baseada no aprendizado e na criatividade. 4ª ed. São Paulo: Negócio, 2001.

TOFFLER, Alvin. Powershift – **As mudanças do Poder**. 4ª ed. Rio de Janeiro: Record, 1995.

TOFFLER, Alvin & Heidi. **Criando uma nova civilização**. São Paulo: Record, 1984.

TOMAZI, Nelson Dacio. **Sociologia da educação.** São Paulo: Atual, 1997.

TURVANI, M. Microfoundations of Knowledge Dynamics Within the Firm. **Industry and Innovation.** Sydney. Dec 2001. V. 8; pp. 309-323. Disponível em <http//proquest.uml.com>. Acesso em 03 de jun. de 2002.

ULRICH, David. **Recursos humanos estratégicos.** São Paulo: Futura, 2000. pp. 105-139.

VASCONCELLOS, Eduardo., **Estrutura das Organizações.** São Paulo: Pioneira, 2ª ed, 1989.

VON KROGH, George. **Facilitando a criação de conhecimento:** reinventando a empresa com o poder da inovação contínua. Rio de Janeiro: Campus, 2001.

WHEATLEY, M. **Liderança e a nova ciência.** 9ª ed. São Paulo: Cultrix, 1999.

WRIGHT, Peter L. **Administração Estratégica:** Conceitos São Paulo, Atlas, 2000.

YIN, R. K. **Estudo de Caso, planejamento e métodos.** São Paulo: Bookman, 2001.

YIP, George S. **Como Enfrentar os Desafios da Competitividade Mundial.** Tradução de Rosana Antonioli. São Paulo. SENAC São Paulo, 1996.

Impresso por :

gráfica e editora

Tel.:11 2769-9056